배우고 익히는 논어 2

반듯반듯 고전 따라쓰기

# 배우고 익히는
# 논어

필사의 기쁨은 곧 깨달음의 기쁨이다 ————• 성백효 著 2

공자께서 말씀하셨다.
"배우고 그것을 때때로(항상) 익히면 기쁘지 않겠는가?
벗이 있어 먼 곳으로부터 찾아온다면 즐겁지 않겠는가?
사람들이 나를 알아주지 않더라도 서운해 하지 않는다면 군자가 아니겠는가?"

**한국인문고전연구소**

1. 〈논어〉 문장 구절의 음을 읽어본다.

子曰 弟子 入則孝하고 出則弟하며
자 왈 제 자 입 즉 효　　출 즉 제

謹而信하며 汎愛衆호되 而親仁이니
근 이 신　　범 애 중　　이 친 인

行有餘力이어든 則以學文이니라
행 유 여 력　　즉 이 학 문

2. 읽은 문장의 '한자'를 따라 써본다.

子曰 弟子 入則孝하고 出則弟하며

謹而信하며 汎愛衆호되 而親仁이니

行有餘力이어든 則以學文이니라

3. 원고지 칸에 '한자'를 다시 써본다.

| 子 | 曰 | 弟 | 子 | 入 | 則 | 孝 | 出 | 則 | 弟 | | | |
|---|---|---|---|---|---|---|---|---|---|---|---|---|
| | | | | | | | | | | | | |
| | | | | | | | | | | | | |

4. 읽고 써본 문장이 어떤 뜻인지 음미한다.

> 공자께서 말씀하셨다.
> "제자가 들어가서는 효도하고, 밖에 나와서는 공손하며, 행실을 삼가고, 말을 성실하게 하며,
> 널리 사람들을 사랑하되 어진 사람을 친근히 대해야 하니, 이것을 행함에 여력(여가)이 있으면 그 여력을 이용하여 글을
> 배워야 한다."

5. 문장에 나온 한자 중 어려운 한자를 확인한다.

- 弟 공경할 제 謹 삼갈 근 汎 넓을 범 衆 무리 중 親 친할 친, 가까울 친 餘 남을 여

論
語

# 차례

# 서문

## 『배우고 익히는 논어』를 펴내며

《논어(論語)》는 약 2,500년 전, 공자(孔子)의 말씀과 제자들과의 문답, 제자들의 좋은 말씀을 기록한 책으로, 유가경전(儒家經傳)의 대표이며, 동양고전(東洋古典)의 최고봉이다. 내용이 그리 많지 않으면서도 유가의 사상을 깊이 있게 알 수 있다는 점에서 우리나라는 물론이요, 서구에서도 수많은 학자들이 연구하고 수십 종의 번역서가 나와 있다. 또한 자본주의의 폐해로 지적되는 황금만능주의를 치유할 수 있는 대안으로도 《논어》의 중요성이 부각되고 있다.

중국에서도 한때는 "비공(批孔)"이라 하여 공자를 비판하는 운동이 벌어졌으나, 지금은 공자의 학문을 적극 권장하여 소학교(小學校)에서까지 거의 모두 《논어》를 가르치고 있다. 지금 우리의 교육은 세계의 추세에 보조를 맞추지 못하고 아직도 영어공부나 서양철학이 최고인 것처럼 잘못 알고 있다.

요 근래 독서 문화가 필사로 이어지고 있다 한다. 답답한 일상에 벗어날 수 있는 여유와 함께 좋은 글을 읽고 따라 써보는 일거양득의 효과가 있기 때문이다. 대부분의 사람들이 TV나 스마트폰에 정신이 팔려 있어 독서를 하지 않는다. 이것을 교정하는 한 방법으로도 좋은 아이디어라 생각한다. 이에 어른은 물론이요, 어린이들까지도 《논어》에 나오는 내용과 한자(漢字)를 익히며, 반듯하게 글씨를 쓸 수 있도록 유도하기 위하여 『배우고 익히는 논어』를 출간하게 되었다.

요즘 한자를 공부하는 분들을 자주 접하게 된다. 하지만 한문(漢文)이 아닌 한자 공부는 열심히 노력하여 1급 이상의 급수를 취득한다 하여도 5~6개월이 지나고 나면 곧바로 잊게 된다. 이 책을 통해 정성스럽게 한자를 써 나가면서 《논어》의 글뜻까지 겸하여 알게 된다면, 동양학의 기초를 다지는 동시에 우리 선조들의 전통문화를 인식하는 데에도 큰 효과가 있을 것이라고 확신한다.

옛말에 "마음이 바르면 필획(筆劃)도 바르게 된다" 하였다. 요즘은 컴퓨터를 사용하여 글을 쓰다 보니, 글씨가 엉망이다. 그만큼 사고도 정리되지 못하고 행동거지도 바르지 못하다. 이 책을 익힘으로써 정신을 수양하여 마음의 안정을 되찾고 반듯한 사람이 되는 계기가 된다면 더 이상 바랄 것이 없겠다. 또한 열심히 학습한 이 책을 버리지 말고 오래도록 보관해 둔다면, 다시 한 번 자신을 돌아보는 좋은 자료가 될 것이다.

2015년 8월

저자 성 백 효 成百曉 씀

# 泰伯 第八

1_   子曰
　　　자 왈

　　　泰伯은 其可謂至德也已矣로다
　　　태백　　기가위지덕야이의

　　　三以天下讓호되 民無得而稱焉이온여
　　　삼이천하양　　민무득이칭언

　　　子曰

　　　泰伯은 其可謂至德也已矣로다

　　　三以天下讓호되 民無得而稱焉이온여

|  |  |  |  |  |  |  |  |  |  |  |  |  |
|---|---|---|---|---|---|---|---|---|---|---|---|---|
|  |  |  |  |  |  |  |  |  |  |  |  |  |
|  |  |  |  |  |  |  |  |  |  |  |  |  |  |
|  |  |  |  |  |  |  |  |  |  |  |  |  |  |

공자께서 말씀하셨다.
"태백은 지극한 덕(德)이라고 이를 만하다. 세 번 천하를 사양하였으나 백성들이 그 덕을 칭송할 수 없게 하였구나."

2—　子曰 恭而無禮則勞하고　愼而無禮則葸하고
　　　자왈 공 이 무 례 즉 로　　　신 이 무 례 즉 시

　　勇而無禮則亂하고　直而無禮則絞니라
　　용 이 무 례 즉 란　　　직 이 무 례 즉 교

　　君子篤於親이면　則民興於仁하고
　　군 자 독 어 친　　　즉 민 흥 어 인

　　故舊를 不遺면　則民不偸니라
　　고 구　불 유　　　즉 민 불 투

子曰 恭而無禮則勞하고

愼而無禮則葸하고

勇而無禮則亂하고 直而無禮則絞니라

君子篤於親이면 則民興於仁하고

故舊를 不遺면 則民不偸니라

|  |  |  |  |  |  |  |  |  |  |  |  |
|--|--|--|--|--|--|--|--|--|--|--|--|
|  |  |  |  |  |  |  |  |  |  |  |  |
|  |  |  |  |  |  |  |  |  |  |  |  |
|  |  |  |  |  |  |  |  |  |  |  |  |
|  |  |  |  |  |  |  |  |  |  |  |  |

공자께서 말씀하셨다.
"공손하기만 하고 예(禮)가 없으면 수고롭고, 삼가기만 하고 예가 없으면 두렵고,
용맹하기만 하고 예가 없으면 난을 일으키고, 강직하기만 하고 예가 없으면 너무 급하다.
군자(위정자)가 친척에게 후하면 백성들이 인(仁)을 흥기하고,
고구(친구나 아는 사람)를 버리지 않으면 백성들이 야박해지지 않는다."

• 愼 삼갈신 葸 두려울시 絞 급할교 偸 박할투

泰伯 第八

9

3_ 曾子有疾하사 召門弟子曰
증자유질　소문제자왈

啓予足하며 啓予手하라
계여족　계여수

詩云 戰戰兢兢하여 如臨深淵하며
시운전전긍긍　여림심연

如履薄冰이라하니
여리박빙

而今而後에야 吾知免夫로라 小子아
이금이후　오지면부　소자

曾子有疾하사 召門弟子曰

啓予足하며 啓予手하라

詩云 戰戰兢兢하여 如臨深淵하며

如履薄冰이라하니

而今而後에야 吾知免夫로라 小子아

증자가 병환이 있으시자, 문하의 제자들을 불러 말씀하였다.
"이불을 헤쳐 나의 발을 보고 나의 손을 보아라. 《시경(詩經)》에 이르기를
'전전하고 긍긍하여 깊은 못에 임한 듯이 하고 얇은 얼음을 밟는 듯이 하라.' 하였으니,
이제야 나는 이 몸을 훼손할까 하는 근심에서 면한 것을 알겠노라. 소자(제자)들아!"

• 啓 열 계 戰 두려울 전 兢 조심할 긍 臨 임할 임 淵 못 연 履 밟을 리 薄 얇을 박 冰 얼음 빙

**4-1_** 曾子有疾이어시늘 孟敬子問之러니
증자유질 맹경자문지

曾子言曰 鳥之將死에 其鳴也哀하고
증자언왈 조지장사 기명야애

人之將死에 其言也善이니라
인지장사 기언야선

曾子有疾이어시늘 孟敬子問之러니

曾子言曰 鳥之將死에 其鳴也哀하고

人之將死에 其言也善이니라

| | | | | | | | | | | | | |
|---|---|---|---|---|---|---|---|---|---|---|---|---|
| | | | | | | | | | | | | |
| | | | | | | | | | | | | |
| | | | | | | | | | | | | |

● 증자가 병환이 있자, 맹경자가 문병을 갔는데, 증자가 말씀하였다.
"새가 장차 죽을 적에는 그 울음소리가 애처롭고, 사람이 장차 죽을 적에는 그 말이 착한 법이다."

**4-2**_  君子所貴乎道者三이니
군 자 소 귀 호 도 자 삼

動容貌에 斯遠暴慢矣며
동 용 모 사 원 포 만 의

正顔色에 斯近信矣며
정 안 색 사 근 신 의

出辭氣에 斯遠鄙倍矣니
출 사 기 사 원 비 패 의

籩豆之事則有司存이니라
변 두 지 사 즉 유 사 존

君子所貴乎道者三이니

動容貌에 斯遠暴慢矣며

正顔色에 斯近信矣며

出辭氣에 斯遠鄙倍矣니

籩豆之事則有司存이니라

<table>
<tr><td></td><td></td><td></td><td></td><td></td><td></td><td></td><td></td><td></td><td></td></tr>
<tr><td></td><td></td><td></td><td></td><td></td><td></td><td></td><td></td><td></td><td></td></tr>
<tr><td></td><td></td><td></td><td></td><td></td><td></td><td></td><td></td><td></td><td></td></tr>
<tr><td></td><td></td><td></td><td></td><td></td><td></td><td></td><td></td><td></td><td></td></tr>
<tr><td></td><td></td><td></td><td></td><td></td><td></td><td></td><td></td><td></td><td></td></tr>
</table>

"군자가 도(道)에 귀하게 여기는 것(귀중히 여기는 도)이 세 가지이니, 용모를 움직일 때에는 거칠고 방자함을 멀리하며, 얼굴빛을 바를 때에는 성실함에 가깝게 하며, 말과 소리를 낼 때에는 비루함과 도리에 위배되는 것을 멀리하여야 한다. 변두의 소소한 일은 따로 맡은 유사(담당자)가 있다."

• 暴 사나울 포, 거칠 포 慢 방자할 만 信 성실할 신 鄙 비루할 비 倍 배반할 배(패) 籩 제기 변 豆 제기 두

12

5_ 曾子曰 以能으로 問於不能하며
증자왈 이능 문어불능

以多로 問於寡하며
이 다 문어과

有若無하며 實若虛하며
유 약 무 실 약 허

犯而不校를
범 이 불 교

昔者에 吾友嘗從事於斯矣러니라
석 자 오 우 상 종 사 어 사 의

曾子曰 以能으로 問於不能하며

以多로 問於寡하며

有若無하며 實若虛하며

犯而不校를

昔者에 吾友嘗從事於斯矣러니라

|  |  |  |  |  |  |  |  |  |  |
|--|--|--|--|--|--|--|--|--|--|
|  |  |  |  |  |  |  |  |  |  |
|  |  |  |  |  |  |  |  |  |  |
|  |  |  |  |  |  |  |  |  |  |
|  |  |  |  |  |  |  |  |  |  |

증자가 말씀하였다.

"능하면서 능하지 못한 이에게 물으며, 많으면서 적은 이에게 물으며, 있어도 없는 것처럼 여기며, 가득해도 빈 것처럼 여기며, 남이 잘못을 범해도 계교 (따지지)하지 않는 것을, 옛날에 내 벗이 일찍이 이 일에 종사했었다."

• 寡 적을과 犯 범할범 校 계교할교

**6_** 曾子曰 可以託六尺之孤하며
증 자 왈 가 이 탁 륙 척 지 고

可以寄百里之命이요
가 이 기 백 리 지 명

臨大節而不可奪也면
임 대 절 이 불 가 탈 야

君子人與아 君子人也니라
군 자 인 여 　 군 자 인 야

曾子曰 可以託六尺之孤하며

可以寄百里之命이요

臨大節而不可奪也면

君子人與아 君子人也니라

|  |  |  |  |  |  |  |  |  |  |  |  |  |
|--|--|--|--|--|--|--|--|--|--|--|--|--|
|  |  |  |  |  |  |  |  |  |  |  |  |  |
|  |  |  |  |  |  |  |  |  |  |  |  |  |
|  |  |  |  |  |  |  |  |  |  |  |  |  |
|  |  |  |  |  |  |  |  |  |  |  |  |  |

증자가 말씀하였다.
"육척의 어린 군주를 맡길 만하고 백리(제후국)의 명을 부탁할만하며 대절에 임해서 그 절개를 빼앗을 수 없다면 군자다운 사람인가? 군자다운 사람이다."

• 孤 어린임금 고 寄 맡길 기 奪 빼앗을 탈 與 의문사 여

**7_** 曾子曰 士不可以不弘毅니
증 자 왈 사 불 가 이 불 홍 의

任重而道遠이니라
임 중 이 도 원

仁以爲己任이니 不亦重乎아
인 이 위 기 임 불 역 중 호

死而後已니 不亦遠乎아
사 이 후 이 불 역 원 호

曾子曰 士不可以不弘毅니

任重而道遠이니라

仁以爲己任이니 不亦重乎아

死而後已니 不亦遠乎아

|  |  |  |  |  |  |  |  |  |  |  |  |  |  |  |
|---|---|---|---|---|---|---|---|---|---|---|---|---|---|---|
|  |  |  |  |  |  |  |  |  |  |  |  |  |  |  |
|  |  |  |  |  |  |  |  |  |  |  |  |  |  |  |
|  |  |  |  |  |  |  |  |  |  |  |  |  |  |  |

● 증자가 말씀하였다.
"선비는 마음이 넓고, 의지가 군세지 않으면 안 되니, 임무가 무겁고 길이 멀기 때문이다.
인(仁)으로써 자신의 임무를 삼으니 무겁지 않은가. 죽은 뒤에야 끝나니 멀지 않은가."

● 弘 넓을 홍 毅 군셀 의 任 맡을 임, 짐 임

**8_** 子曰 興於詩하며
자왈 흥어시

立於禮하며 成於樂이니라
입어례　성어락

子曰 興於詩하며

立於禮하며 成於樂이니라

|  |  |  |  |  |  |  |  |  |  |  |  |
|---|---|---|---|---|---|---|---|---|---|---|---|
|  |  |  |  |  |  |  |  |  |  |  |  |
|  |  |  |  |  |  |  |  |  |  |  |  |

공자께서 말씀하셨다.
"시(詩)에서 착한 것을 좋아하고 나쁜 것을 싫어하는 마음을 흥기시키며, 예(禮)에 서며, 락(樂)에서 완성한다."

**9_** 子曰 民은 可使由之요 不可使知之니라
자왈 민 가사유지　불가사지지

子曰 民은 可使由之요 不可使知之니라

|  |  |  |  |  |  |  |  |  |  |  |  |
|---|---|---|---|---|---|---|---|---|---|---|---|
|  |  |  |  |  |  |  |  |  |  |  |  |

공자께서 말씀하셨다.
"백성은 도리에 따르게 할 수는 있어도 그 원리를 알게 할 수는 없다."

• 由 따를 유

**10_** 子曰 好勇疾貧이 亂也요
자 왈 호 용 질 빈 난 야

人而不仁을 疾之已甚이 亂也니라
인 이 불 인 질 지 이 심 난 야

子曰 好勇疾貧이 亂也요

人而不仁을 疾之已甚이 亂也니라

| | | | | | | | | | | | | |
|---|---|---|---|---|---|---|---|---|---|---|---|---|
| | | | | | | | | | | | | |
| | | | | | | | | | | | | |

공자께서 말씀하셨다.
"용맹을 좋아하고 가난을 싫어하는 것이 난을 일으키고, 사람으로서 인(仁)하지 못한 것을 너무 미워하는 것도 난을 일으킨다."

• 疾 미워할 질 已 너무 이

**11_** 子曰 如有周公之才之美라도 使驕且吝이면
자왈 여유주공지재지미 사교차린

其餘는 不足觀也已니라
기여 부족관야이

子曰 如有周公之才之美라도 使驕且吝이면

其餘는 不足觀也已니라

|  |  |  |  |  |  |  |  |  |  |
|---|---|---|---|---|---|---|---|---|---|
|  |  |  |  |  |  |  |  |  |  |
|  |  |  |  |  |  |  |  |  |  |

공자께서 말씀하셨다.
"만일 주공의 재주와 같은 아름다움을 갖고 있더라도 가령 교만하고 또 인색하다면 그 나머지는 볼 것이 없다."

- 驕 교만할교 吝 인색할린

**12_** 子曰 三年學에
자왈 삼년학

不至〔志〕於穀을 不易得也니라
부지〔지〕어곡 불이득야

子曰 三年學에

不至〔志〕於穀을 不易得也니라

|  |  |  |  |  |  |  |  |  |  |
|---|---|---|---|---|---|---|---|---|---|
|  |  |  |  |  |  |  |  |  |  |
|  |  |  |  |  |  |  |  |  |  |

공자께서 말씀하셨다.
"삼년을 배우고서 녹봉〔곡〕에 뜻을 두지 않는 자를 쉽게 얻지 못한다."

- 穀 녹봉곡

**13_** 子曰 篤信好學하며 守死善道니라
자왈 독신호학 수사선도

危邦不入하고 亂邦不居하며
위방불입 난방불거

天下有道則見하고 無道則隱이니라
천하유도즉현 무도즉은

邦有道에 貧且賤焉이 恥也며
방유도 빈차천언 치야

邦無道에 富且貴焉이 恥也니라
방무도 부차귀언 치야

子曰 篤信好學하며 守死善道니라

危邦不入하고 亂邦不居하며

天下有道則見하고 無道則隱이니라

邦有道에 貧且賤焉이 恥也며

邦無道에 富且貴焉이 恥也니라

| | | | | | | | | | | |
|---|---|---|---|---|---|---|---|---|---|---|
| | | | | | | | | | | |
| | | | | | | | | | | |
| | | | | | | | | | | |
| | | | | | | | | | | |

● 공자께서 말씀하셨다.
"독실하게 믿으면서도 배우기를 좋아하며, 죽음으로써 지키면서도 도(道)를 잘해야 한다.
위태로운 나라에는 들어가지 않고 어지러운 나라에는 살지 않으며, 천하에 도가 있으면 나타나고 도가 없으면 숨어야 한다.
나라에 도가 있을 때에 가난하고 또 천한 것이 부끄러운(수치스러운) 일이며, 나라에 도가 없을 때에 부(富)하고 또 귀한
것이 부끄러운 일이다."

● 篤 도타울 독 危 위태할 위 邦 나라 방

**14_** 子曰 不在其位하여는 不謀其政이니라
자왈 부재기위 불모기정

子曰 不在其位하여는 不謀其政이니라

공자께서 말씀하셨다.
"그 지위에 있지 않으면, 그 정사를 도모하지 않는다."

- 謀 꾀할 모

**15_** 子曰 師摯之始에
자왈 사지지시

關雎之亂이 洋洋乎盈耳哉라
관저지란 양양호영이재

子曰 師摯之始에

關雎之亂이 洋洋乎盈耳哉라

공자께서 말씀하셨다.
"악사인 지가 처음 벼슬할 때에 연주하던 관저의 마지막 악장이 아직까지도 양양하게 귀에 가득하구나."

- 摯 도타울 지 關 새우는소리 관 雎 물수리 저 亂 풍류끝장단 란 盈 가득찰 영

**16_** 子曰 狂而不直하며 侗而不愿하며
자왈 광이부직          통 이 불 원

悾悾而不信을 吾不知之矣로라
공 공 이 불 신        오 부 지 지 의

子曰 狂而不直하며 侗而不愿하며

悾悾而不信을 吾不知之矣로라

| | | | | | | | | | |
|---|---|---|---|---|---|---|---|---|---|
| | | | | | | | | | |
| | | | | | | | | | |

------● 공자께서 말씀하셨다.
"광(狂)이면서 곧지 못하며, 무지하면서 근후하지 못하며, 무능하면서 신실하지 못한 사람을 나는 알지 못하겠다."

● 狂 미칠광 侗 미련할통 愿 삼갈원 悾 무식할공

**17_** 子曰 學如不及이요 猶恐失之니라
자왈 학여불급          유 공 실 지

子曰 學如不及이요 猶恐失之니라

| | | | | | | | | | | | |
|---|---|---|---|---|---|---|---|---|---|---|---|
| | | | | | | | | | | | |

------● 공자께서 말씀하셨다.
"배움은(학문을 함은) 따라가지 못할 듯이 하고도 오히려 잃을까 (따라잡지 못할까) 두려워하여야 한다."

● 猶 오히려유 恐 두려울공

**18_** 子曰
자 왈

**巍巍乎舜禹之有天下也而不與焉**이여
외 외 호 순 우 지 유 천 하 야 이 불 예 언

子曰

巍巍乎舜禹之有天下也而不與焉이여

| | | | | | | | | | | | | | |
|---|---|---|---|---|---|---|---|---|---|---|---|---|---|
| | | | | | | | | | | | | | |
| | | | | | | | | | | | | | |

---

● 공자께서 말씀하셨다.
"높고 크다. 순(舜)임금과 우(禹)임금이 천하를 소유하시고도 관여치 않으심이여!"

● 巍 높을 외

**19_** 子曰 大哉라 堯之爲君也여
자왈 대재 요지위군야

巍巍乎唯天이 爲大어시늘
외외호유천 위대

唯堯則之하시니 蕩蕩乎民無能名焉이로다
유요칙지 탕탕호민무능명언

巍巍乎其有成功也여 煥乎其有文章이여
외외호기유성공야 환호기유문장

子曰 大哉라 堯之爲君也여

巍巍乎唯天이 爲大어시늘

唯堯則之하시니 蕩蕩乎民無能名焉이로다

巍巍乎其有成功也여 煥乎其有文章이여

|  |  |  |  |  |  |  |  |  |  |
|---|---|---|---|---|---|---|---|---|---|
|  |  |  |  |  |  |  |  |  |  |
|  |  |  |  |  |  |  |  |  |  |
|  |  |  |  |  |  |  |  |  |  |

공자께서 말씀하셨다.
"위대하시다, 요(堯)의 임금 노릇 하심이여! 높고 커서 오직 하늘이 위대하시거늘
오직 요임금만이 그와 같으셨으니, 그 공덕이 넓고 넓어 백성들이 형용하지 못하는구나.
높고 크도다! 그 공업이여! 찬란하도다. 그 문장이여!"

• 則 같을 칙 蕩 넓을 탕 煥 빛날 환, 찬란할 환

**20_** 舜이 有臣五人而天下治하니라
순 유신오인이천하치

武王曰 予有亂臣十人호라
무왕왈 여유난신십인

孔子曰 才難이 不其然乎아
공자왈 재난 불기연호

唐虞之際 於斯爲盛하나
당우지제 어사위성

有婦人焉이라 九人而已니라
유부인언 구인이이

三分天下에 有其二하사 以服事殷하시니
삼분천하 유기이 이복사은

周之德은 其可謂至德也已矣로다
주지덕 기가위지덕야이의

舜이 有臣五人而天下治하니라

武王曰 予有亂臣十人호라

孔子曰 才難이 不其然乎아

唐虞之際 於斯爲盛하나

有婦人焉이라 九人而已니라

三分天下에 有其二하사 以服事殷하시니

周之德은 其可謂至德也已矣로다

|  |  |  |  |  |  |  |  |  |  |  |
|---|---|---|---|---|---|---|---|---|---|---|
|  |  |  |  |  |  |  |  |  |  |  |
|  |  |  |  |  |  |  |  |  |  |  |
|  |  |  |  |  |  |  |  |  |  |  |
|  |  |  |  |  |  |  |  |  |  |  |
|  |  |  |  |  |  |  |  |  |  |  |
|  |  |  |  |  |  |  |  |  |  |  |
|  |  |  |  |  |  |  |  |  |  |  |

- 순(舜)임금이 어진 신하 다섯 사람을 두심에 천하가 다스려졌다.

무왕이 말씀하셨다. "나는 다스리는 신하 열 사람을 두었노라."

공자께서 말씀하셨다. "인재를 얻기 어렵다는 말이 맞는(옳은) 말이 아니겠는가.

당(요)·우(순)의 즈음만이 이 때(周나라)보다 성하였으나 열 사람 중에 부인이 있으니, 아홉 사람일 뿐이다.

문왕은 천하를 삼분함에 그 둘을 소유하시고도 복종하여 은(殷)나라를 섬기셨으니, 주(周)나라 문왕의 덕(德)은 지극한 덕이라고 이를 만하다."

- 亂 다스릴 란 際 사이 제

21_ 子曰 禹는 吾無間然矣로다
자왈 우 오 무 간 연 의

菲飮食而致孝乎鬼神하시며
비 음 식 이 치 효 호 귀 신

惡衣服而致美乎黻冕하시며
악 의 복 이 치 미 호 불 면

卑宮室而盡力乎溝洫하시니
비 궁 실 이 진 력 호 구 혁

禹는 吾無間然矣로다
우 오 무 간 연 의

子曰 禹는 吾無間然矣로다

菲飮食而致孝乎鬼神하시며

惡衣服而致美乎黻冕하시며

卑宮室而盡力乎溝洫하시니

禹는 吾無間然矣로다

| | | | | | | | | | | | |
|---|---|---|---|---|---|---|---|---|---|---|---|
| | | | | | | | | | | | |
| | | | | | | | | | | | |
| | | | | | | | | | | | |
| | | | | | | | | | | | |

공자께서 말씀하셨다.
"우(禹)임금은 내 흠잡을 데가 없으시다. 평소의 음식은 간소하게 하시면서도 제사에는 귀신에게 효성을 다하시고, 평소의 의복은 검소하게 하시면서도 불(黻)·면(冕)의 제복에는 아름다움을 다하시고, 궁실은 낮게 하시면서도 도랑을 만드는 치수 사업에는 힘을 다하셨으니, 우임금은 내 흠잡을 데가 없으시다."

• 間 흠잡을 간 菲 박할 비 致 다할 치 黻 슬갑 불 冕 면류관 면 溝 봇도랑 구 洫 도랑 혁

# 子罕 第九

1_ 子는 罕言利與命與仁이러시다
자 한 언 리 여 명 여 인

子는 罕言利與命與仁이러시다

|  |  |  |  |  |  |  |  |  |  |  |  |  |  |
|---|---|---|---|---|---|---|---|---|---|---|---|---|---|
|  |  |  |  |  |  |  |  |  |  |  |  |  |  |

• 공자께서는 이(利)와 명(命)과 인(仁)을 드물게 말씀하셨다.

• 罕 드물 한 與 및 여

2_ 達巷黨人이 曰 大哉라
달 항 당 인 왈 대 재

孔子여 博學而無所成名이로다
공 자 박 학 이 무 소 성 명

子聞之하시고 謂門弟子曰 吾何執고
자 문 지 위 문 제 자 왈 오 하 집

執御乎아 執射乎아 吾執御矣로리라
집 어 호 집 사 호 오 집 어 의

達巷黨人이 曰 大哉라

孔子여 博學而無所成名이로다

子聞之하시고 謂門弟子曰 吾何執고

執御乎아 執射乎아 吾執御矣로리라

|  |  |  |  |  |  |  |  |  |  |  |  |  |  |  |  |
|---|---|---|---|---|---|---|---|---|---|---|---|---|---|---|---|
|  |  |  |  |  |  |  |  |  |  |  |  |  |  |  |  |
|  |  |  |  |  |  |  |  |  |  |  |  |  |  |  |  |
|  |  |  |  |  |  |  |  |  |  |  |  |  |  |  |  |

- 달항당 사람이 말하기를 "위대하다, 공자여! 박학하였으나 한 가지 잘하는 것으로 이름을 이룬 것이 없구나." 하였다.
  공자께서 이를 들으시고 문하의 제자들에게 다음과 같이 말씀하셨다.
  "내 무엇을 전적으로 잡아야 하겠는가? 말 모는 일을 잡아야 하겠는가? 활 쏘는 일을 잡아야 하겠는가? 내 말 모는 일을
  잡겠다."

- 巷 골목 항 黨 마을 당 執 잡을 집 御 말몰 어

3_ 子曰 麻冕이 禮也어늘
자 왈 마 면 예 야

今也純하니 儉이라 吾從衆호리라
금 야 순 검 오 종 중

拜下 禮也어늘 今拜乎上하니 泰也라
배 하 예 야 금 배 호 상 태 야

雖違衆이나 吾從下호리라
수 위 중 오 종 하

子曰 麻冕이 禮也어늘

今也純하니 儉이라 吾從衆호리라

拜下 禮也어늘 今拜乎上하니 泰也라

雖違衆이나 吾從下호리라

|  |  |  |  |  |  |  |  |  |  |  |  |
|---|---|---|---|---|---|---|---|---|---|---|---|
|  |  |  |  |  |  |  |  |  |  |  |  |
|  |  |  |  |  |  |  |  |  |  |  |  |
|  |  |  |  |  |  |  |  |  |  |  |  |

공자께서 말씀하셨다.

"마면(제관)이 본래의 예(禮)인데 지금은 생사로 만드니, 검약하다. 나는 사람들(시속)을 따르겠다.

〈당(黨)〉 아래에서 절하는 것이 본래의 예인데 지금에는 〈당〉 위에서 절하니, 교만하다.

나는 비록 사람들과 어긋나더라도 〈당〉 아래에서 절하는 것을 따르겠다."

• 麻 삼 마 冕 면류관 면 純 실 순 儉 줄일 검, 검소할 검 泰 거만할 태 違 어길 위

**4_** 子絕四러시니
자 절 사

母意, 母必, 母固, 母我러시다
무 의 무 필 무 고 무 아

子絕四러시니

母意, 母必, 母固, 母我러시다

| | | | | | | | | | | | | |
|---|---|---|---|---|---|---|---|---|---|---|---|---|
| | | | | | | | | | | | | |
| | | | | | | | | | | | | |

공자는 네 가지가 완전히 없으셨으니,
사사로운 뜻이 없으셨으며 기필함이 없으셨으며 집착(고집)함이 없으셨으며 사사로움(이기심)이 없으셨다.

**5_** 子畏於匡이러시니
자 외 어 광

曰 文王이 既沒하시니 文不在茲乎아
왈 문 왕 기 몰 문 부 재 자 호

天之將喪斯文也신댄
천 지 장 상 사 문 야

後死者 不得與於斯文也어니와
후 사 자 부 득 예 어 사 문 야

天之未喪斯文也시니
천 지 미 상 사 문 야

匡人이 其如子何리오
광 인 기 여 여 하

子畏於匡이러시니

曰 文王이 既沒하시니 文不在茲乎아

天之將喪斯文也신댄

後死者 不得與於斯文也어니와

天之未喪斯文也시니

匡人이 其如子何리오

공자께서 광땅에서 경계심을 품으셨는데, 공자께서 말씀하셨다.

"문왕이 이미 별세하셨으니, 문이 이 몸에 있지 않겠는가?

하늘이 장차 이 문을 없애려 하셨다면 뒤에 죽는 사람(나 자신)이 이 문에 참여하지 못하였을 것이나

하늘이 이 문을 없애려 하지 않으시니, 광땅 사람들이 나를 어찌 하겠는가."

- 匡 바로잡을 광 沒 죽을 몰 茲 이자 喪 잃을 상, 망할 상 斯 이사

**6_** 大(太)宰問於子貢曰
태 (태) 재 문 어 자 공 왈

夫子는 聖者與아 何其多能也오
부 자 성 자 여 하 기 다 능 야

子貢曰 固天縱之將聖이시고 又多能也시니라
자 공 왈 고 천 종 지 장 성 우 다 능 야

子聞之하시고 曰 大宰知我乎인저
자 문 지 왈 태 재 지 아 호

吾少也에 賤이라 故로 多能鄙事호니
오 소 야 천 고 다 능 비 사

君子는 多乎哉아 不多也니라
군 자 다 호 재 부 다 야

牢曰 子云 吾不試라 故로 藝라하시니라
뇌 왈 자 운 오 불 시 고 예

大(太)宰問於子貢曰

夫子는 聖者與아 何其多能也오

子貢曰 固天縱之將聖이시고 又多能也시니라

子聞之하시고 曰 大宰知我乎인저

吾少也에 賤이라 故로 多能鄙事호니

君子는 多乎哉아 不多也니라

牢曰 子云 吾不試라 故로 藝라하시니라

|  |  |  |  |  |  |  |  |  |  |  |  |  |
|---|---|---|---|---|---|---|---|---|---|---|---|---|
|  |  |  |  |  |  |  |  |  |  |  |  |  |
|  |  |  |  |  |  |  |  |  |  |  |  |  |
|  |  |  |  |  |  |  |  |  |  |  |  |  |
|  |  |  |  |  |  |  |  |  |  |  |  |  |
|  |  |  |  |  |  |  |  |  |  |  |  |  |
|  |  |  |  |  |  |  |  |  |  |  |  |  |

태재가 자공에게 물었다. "부자는 성자이신가. 어쩌면 그리도 능한 것이 많으신가?"

자공이 말하였다. "선생님은 진실로 하늘이 풀어놓으신 성인이실 것이고, 또 능함이 많으시다."

공자께서 이 말을 들으시고 말씀하셨다. "태재가 나를 아는구나. 내 젊었을 적에 미천했기 때문에 비천한 일에 능함이 많으니, 군자는 능함이 많은가? 많지 않다."

뇌가 말하였다. "선생께서 말씀하시기를 '내가 등용되지 못했기 때문에 여러 가지 재주를 익혔다.'고 하셨다."

- 固 진실로 고 縱 풀어놓을 종 將 아마도 장 鄙 천할 비 牢 굳을 뢰 試 등용될 시

7_ 子曰 吾有知乎哉아 無知也어니와
자왈 오유지호재 무지야

有鄙夫問於我호되
유비부문어아

空空如也라도 我叩其兩端而竭焉하노라
공공여야 아고기량단이갈언

子曰 吾有知乎哉아 無知也어니와

有鄙夫問於我호되

空空如也라도 我叩其兩端而竭焉하노라

|  |  |  |  |  |  |  |  |  |  |  |  |  |
|--|--|--|--|--|--|--|--|--|--|--|--|--|
|  |  |  |  |  |  |  |  |  |  |  |  |  |
|  |  |  |  |  |  |  |  |  |  |  |  |  |

공자께서 말씀하셨다.
"내가 아는 것이 있는가? 나는 아는 것이 없지만 비루한 사람이 나에게 묻되 그가 아무리 무식하다 하더라도 나는 그 양단
(양쪽)을 들어서 다 말해주노라."

- 叩 두드릴 고 端 끝 단 竭 다할 갈

8_ 子曰 鳳鳥不至하며
　　자왈　봉조부지

河不出圖하니
하 불 출 도

吾已矣夫인저
오 이 의 부

子曰 鳳鳥不至하며

河不出圖하니

吾已矣夫인저

|  |  |  |  |  |  |  |  |  |  |  |  |  |  |
|---|---|---|---|---|---|---|---|---|---|---|---|---|---|
|  |  |  |  |  |  |  |  |  |  |  |  |  |  |
|  |  |  |  |  |  |  |  |  |  |  |  |  |  |

공자께서 말씀하셨다.
"봉황새가 오지 않으며 황하에서 하도가 나오지 않으니, 나는 끝났구나."

• 鳳 봉새 봉

**9_** 子見齊衰者와 冕衣裳者와 與瞽者하시고
자 견 자 최 자　면 의 상 자　여 고 자

見之에 雖少나 必作하시며 過之에 必趨러시다
견 지　수 소　필 작　　과 지　필 추

子見齊衰者와 冕衣裳者와 與瞽者하시고

見之에 雖少나 必作하시며 過之에 必趨러시다

| | | | | | | | | | |
|---|---|---|---|---|---|---|---|---|---|
| | | | | | | | | | |
| | | | | | | | | | |

- - - - - - - - - • 공자께서는 자최를 입은 자와 면관을 쓰고 의상을 차려 입은 자와 봉사를 보시고,
이들을 만날 적에는 비록 나이가 적더라도 반드시 일어나시며, 그 곁을 지나실 적에는 반드시 종종걸음으로 가셨다.

• 齊 옷자락 자 衰 상복 최 冕 면류관 면 裳 치마 상 瞽 봉사 고 作 일어날 작 趨 빨리갈 추, 추창할 추

**10_** 顔淵이 喟然歎日 仰之彌高하며
안 연　위 연 탄 왈 앙 지 미 고

鑽之彌堅하며 瞻之在前이러니 忽焉在後로다
찬 지 미 견　첨 지 재 전　　홀 언 재 후

夫子循循然善誘人하사 博我以文하시고
부 자 순 순 연 선 유 인　　박 아 이 문

約我以禮하시니라
약 아 이 례

欲罷不能하여 旣竭吾才호니
욕 파 불 능　　기 갈 오 재

如有所立이 卓爾라 雖欲從之나 末由也已로다
여 유 소 립　탁 이　수 욕 종 지　말 유 야 이

顔淵이 喟然歎曰 仰之彌高하며
鑽之彌堅하며 瞻之在前이러니 忽焉在後로다
夫子循循然善誘人하사 博我以文하시고
約我以禮하시니라
欲罷不能하여 既竭吾才호니
如有所立이 卓爾라 雖欲從之나 末由也已로다

• 안연이 크게 탄식하며 말하였다.
"부자의 도(道)는 우러러볼수록 더욱 높고 뚫을수록 더욱 견고하며, 바라봄에 앞에 있더니 홀연히 뒤에 있도다.
부자께서 차근차근히 사람을 잘 이끄시어 문으로써 나의 지식을 넓혀주시고 예(禮)로써 나의 행실을 요약하게(묶게) 해주
셨다. 공부를 그만두고자 해도 그만둘 수 없어서 이미 나의 재주를 다하니, 부자의 도가 마치 내 앞에 우뚝 서 있는 듯하다.
그리하여 비록 이것을 따르고자 하나 말미암을 데가 없도다."

• 喟 한숨쉴 위 彌 더할 미 鑽 뚫을 찬 堅 굳을 견 瞻 볼 첨 忽 갑자기 홀 誘 인도할 유 約 요약할 약 罷 그만둘 파
卓 높을 탁 末 없을 말

11_ 子疾病이어시늘 子路使門人으로 爲臣이러니
자 질 병　　　　자 로 사 문 인　　위 신

病間에 曰 久矣哉라 由之行詐也여
병 간 왈 구 의 재　유 지 행 사 야

無臣而爲有臣하니 吾誰欺오 欺天乎인저
무 신 이 위 유 신　　오 수 기　기 천 호

且予與其死於臣之手也론
차 여 여 기 사 어 신 지 수 야

無寧死於二三子之手乎아
무 녕 사 어 이 삼 자 지 수 호

且予縱不得大葬이나 予死於道路乎아
차 여 종 부 득 대 장　여 사 어 도 로 호

子疾病이어시늘 子路使門人으로 爲臣이러니

病間에 曰 久矣哉라 由之行詐也여

無臣而爲有臣하니 吾誰欺오 欺天乎인저

且予與其死於臣之手也론

無寧死於二三子之手乎아

且予縱不得大葬이나 予死於道路乎아

| | | | | | | | | | | |
|---|---|---|---|---|---|---|---|---|---|---|
| | | | | | | | | | | |
| | | | | | | | | | | |
| | | | | | | | | | | |
| | | | | | | | | | | |
| | | | | | | | | | | |

공자께서 병이 심해지자, 자로가 문인으로 하여금 가신이 되게 하였다.

병이 좀 차도가 있으시자, 말씀하셨다.

"오래되었구나, 유가 거짓을 행함이여! 나는 가신이 없는데 가신을 두었으니, 내 누구를 속였는가? 하늘을 속였구나!

또 내가 가신의 손에서 죽기보다는 차라리 자네들 손에서 죽는 것이 낫지 않겠는가.

또 내가 비록 큰 장례는 얻지 못한다 하더라도 내 설마 죽어서 길거리에 버려지겠는가?"

- 間 뜸할 간 詐 속일 사 誰 누구 수 欺 속일 기 寧 차라리 녕 縱 비록 종

**12_** 子貢曰 有美玉於斯하니
자 공 왈 유 미 옥 어 사

韞匵而藏諸잇가
온 독 이 장 저

求善賈(價)而沽諸잇가
구 선 가 (가) 이 고 저

子曰 沽之哉沽之哉나
자 왈 고 지 재 고 지 재

我는 待賈者也로라
아 대 가 자 야

子貢曰 有美玉於斯하니

韞匵而藏諸잇가

求善賈(價)而沽諸잇가

子曰 沽之哉沽之哉나

我는 待賈者也로라

자공이 말하기를 "아름다운 옥이 여기에 있다면, 이것을 궤 속에 넣어 두어 보관만 하시겠습니까? 좋은 값을 구하여 파시 겠습니까" 하자, 공자께서 대답하셨다.
"팔아야지, 팔아야지. 그러나 나는 좋은 값을 기다리는 자이다."

• 韞 감출온 匵 궤독 賈 값가 沽 팔고 待 기다릴 대

**13_** 子欲居九夷러시니 或曰 陋어니 如之何잇고
자 욕 거 구 이　　　　혹 왈 누　　　여 지 하

子曰 君子居之면 何陋之有리오
자 왈 군 자 거 지　　 하 루 지 유

子欲居九夷러시니 或曰 陋어니 如之何잇고

子曰 君子居之면 何陋之有리오

|  |  |  |  |  |  |  |  |  |  |  |
|--|--|--|--|--|--|--|--|--|--|--|
|  |  |  |  |  |  |  |  |  |  |  |

공자께서 구이에 살려고 하시니, 혹자가 말하기를 "그 곳은 누추하니, 어떻게 하시렵니까?" 하자,
공자께서 대답하셨다. "군자가 거주한다면 무슨 누추함이 있겠는가."

• 夷 오랑캐 이 陋 좁을 루, 더러울 루

**14_** 子曰 吾自衛反魯然後에 樂正하여
자 왈 오 자 위 반 노 연 후　　 악 정

雅頌이 各得其所하니라
아 송　　 각 득 기 소

子曰 吾自衛反魯然後에 樂正하여

雅頌이 各得其所하니라

|  |  |  |  |  |  |  |  |  |  |  |
|--|--|--|--|--|--|--|--|--|--|--|
|  |  |  |  |  |  |  |  |  |  |  |

공자께서 말씀하셨다.
"내가 위(衛)나라에서 노(魯)나라로 돌아온 뒤에 음악이 바루어져서 아(雅)와 송(頌)이 각기 제자리를 얻게 되었다."

• 雅 바를 아 頌 기릴 송

**15_** 子曰 出則事公卿하고
자왈 출 즉 사 공 경

入則事父兄하며
입 즉 사 부 형

喪事를 不敢不勉하며
상 사 불 감 불 면

不爲酒困이 何有於我哉오
불 위 주 곤 하 유 어 아 재

子曰 出則事公卿하고

入則事父兄하며

喪事를 不敢不勉하며

不爲酒困이 何有於我哉오

| | | | | | | | | | | | | | |
|---|---|---|---|---|---|---|---|---|---|---|---|---|---|
| | | | | | | | | | | | | | |
| | | | | | | | | | | | | | |
| | | | | | | | | | | | | | |
| | | | | | | | | | | | | | |

공자께서 말씀하셨다.
"나가서는 공경을 섬기고 들어와서는 부형을 섬기며, 상사를 감히 힘쓰지 않음이 없으며,
술에 곤함(크게 취함)을 당하지 않는 것, 이 중에 어느 것이 나에게 있겠는가."

**16_** 子在川上曰 逝者如斯夫인저
자 재 천 상 왈   서 자 여 사 부

不舍晝夜로다
불 사 주 야

子在川上曰 逝者如斯夫인저

不舍晝夜로다

| | | | | | | | | | | | |
|---|---|---|---|---|---|---|---|---|---|---|---|
| | | | | | | | | | | | |
| | | | | | | | | | | | |

> 공자께서 시냇가에 계시면서 말씀하셨다.
> "가는 것이 이와 같구나. 밤낮을 그치지 않도다."

• 逝 갈 서 숨 쉴 사, 그칠 사  晝 낮 주  夜 밤 야

**17_** 子曰 吾未見好德을 如好色者也로라
자 왈 오 미 견 호 덕   여 호 색 자 야

子曰 吾未見好德을 如好色者也로라

| | | | | | | | | | | | |
|---|---|---|---|---|---|---|---|---|---|---|---|
| | | | | | | | | | | | |

> 공자께서 말씀하셨다.
> "나는 덕(德)을 좋아하기를 여색을 좋아하는 것과 같이 하는 자를 보지 못하였다."

**18_** 子曰 譬如爲山에 未成一簣(蕢)하여
자 왈 비 여 위 산 　　미 성 일 궤 　(궤)

止도 吾止也며
지 　오 지 야

譬如平地에 雖覆一簣나
비 여 평 지 　수 복 일 궤

進도 吾往也니라
진 　오 왕 야

子曰 譬如爲山에 未成一簣(蕢)하여

止도 吾止也며

譬如平地에 雖覆一簣나

進도 吾往也니라

공자께서 말씀하셨다.

"학문을 비유하면 산을 만듦에 마지막 흙 한 삼태기를 쏟아 붓지 않아 산을 못 이루고서 중지함도 내가 중지하는 것이며.

비유하면 산을 만드는데 평지에 흙 한 삼태기를 처음 쏟아 붓더라도 나아감은 내가 나아가는 것이다."

● 譬 비유할 비 簣 삼태기 궤 覆 뒤엎을 복 籠 대그릇 롱

**19_** 子曰 語之而不惰者는 其回也與인저
자왈 어지이불타자 기회야여

子曰 語之而不惰者는 其回也與인저

공자께서 말씀하셨다.
"도(道)를 말해주면 게으리 하지 않는 자는 안회일 것이다."

- 惰 게으를 타

**20_** 子謂顔淵曰 惜乎라
자위안연왈 석호

吾見其進也요 未見其止也로라
오견기진야 미견기지야

子謂顔淵曰 惜乎라

吾見其進也요 未見其止也로라

공자께서 안연을 두고 평하셨다.
"애석하구나, 그의 죽음이여! 나는 그가 진전하는 것만을 보았고 중지하는 것을 보지 못하였다."

**21_** 子曰 苗而不秀者 有矣夫며
자 왈 묘 이 불 수 자 유 의 부

秀而不實者 有矣夫인저
수 이 불 실 자 유 의 부

子曰 苗而不秀者 有矣夫며

秀而不實者 有矣夫인저

|  |  |  |  |  |  |  |  |  |  |  |  |  |
|---|---|---|---|---|---|---|---|---|---|---|---|---|
|  |  |  |  |  |  |  |  |  |  |  |  |  |

공자께서 말씀하셨다.

"싹이 나고서 꽃이 피지 못하는 자도 있으며, 꽃이 피고서 열매를 맺지 못하는 자도 있다."

• 苗 싹묘 秀 이삭팰수

48

**22_** 子曰 後生이 可畏니
자왈 후생 　 과외

焉知來者之不如今也리오
언 지 래 자 지 불 여 금 야

四十五十而無聞焉이면
사 십 오 십 이 무 문 언

斯亦不足畏也已니라
사 역 부 족 외 야 이

子曰 後生이 可畏니

焉知來者之不如今也리오

四十五十而無聞焉이면

斯亦不足畏也已니라

|  |  |  |  |  |  |  |  |  |  |  |
|---|---|---|---|---|---|---|---|---|---|---|
|  |  |  |  |  |  |  |  |  |  |  |
|  |  |  |  |  |  |  |  |  |  |  |
|  |  |  |  |  |  |  |  |  |  |  |

공자께서 말씀하셨다.
"후생이 두려울 만하니 후생의 장래가 나의 지금만 못할 줄을 어찌 알겠는가?
그러나 40, 50세가 되고도 들음이 없으면 이 또한 두려울 것이 없다."

* 焉 어찌언 聞 알려질문

**23_** 子曰 法語之言은
자왈 법어지언

能無從乎아 改之爲貴니라
능 무 종 호　개 지 위 귀

巽與之言은 能無說乎아 繹之爲貴니라
손 여 지 언　능 무 열 호　역 지 위 귀

說而不繹하며 從而不改면
열 이 불 역　　종 이 불 개

吾末如之何也已矣니라
오 말 여 지 하 야 이 의

子曰 法語之言은

能無從乎아 改之爲貴니라

巽與之言은 能無說乎아 繹之爲貴니라

說而不繹하며 從而不改면

吾末如之何也已矣니라

|  |  |  |  |  |  |  |  |  |  |  |  |  |  |  |
|---|---|---|---|---|---|---|---|---|---|---|---|---|---|---|
|  |  |  |  |  |  |  |  |  |  |  |  |  |  |  |
|  |  |  |  |  |  |  |  |  |  |  |  |  |  |  |
|  |  |  |  |  |  |  |  |  |  |  |  |  |  |  |
|  |  |  |  |  |  |  |  |  |  |  |  |  |  |  |

공자께서 말씀하셨다.
"예법에 맞는 바른 말은 따르지 않을 수 있겠는가? 자신의 잘못을 고치는 것이 중요하다.
완곡하게 해주는 말은 기뻐하지 않을 수 있겠는가? 그 실마리를 찾는 것이 중요하다.
기뻐하기만 하고 실마리를 찾지 않으며, 따르기만 하고 잘못을 고치지 않는다면 내 그를 어찌할 수가 없다."

• 繹 찾을 역 末 없을 말

**24_** 子曰 主忠信하며 毋友不如己者요
자왈 주 충 신　　　　무 우 불 여 기 자

過則勿憚改니라
과 즉 물 탄 개

子曰 主忠信하며 毋友不如己者요

過則勿憚改니라

> 공자께서 말씀하셨다.
> "충신을 주장하며 자기보다 못한 사람을 벗삼으려 하지 말 것이요, 잘못이 있으면 고치기를 꺼리지 말아야 한다."

**25_** 子曰 三軍은 可奪帥也어니와
자왈 삼 군　　가 탈 수 야

匹夫는 不可奪志也니라
필 부　　불 가 탈 지 야

子曰 三軍은 可奪帥也어니와

匹夫는 不可奪志也니라

> 공자께서 말씀하셨다.
> "삼군의 장수는 빼앗을 수 있으나 필부의 뜻은 빼앗을 수 없다."

• 奪 빼앗을 탈　帥 장수 수　匹 짝 필

26_
子曰 衣敝縕袍하여 與衣狐貉者로
자왈 의폐온포 여의호학자

立而不恥者는 其由也與인저
입이불치자 기유야여

不忮不求면 何用不臧이리오
불기불구 하용부장

子路終身誦之한대
자로종신송지

子曰 是道也 何足以臧이리오
자왈 시도야 하족이장

子曰 衣敝縕袍하여 與衣狐貉者로

立而不恥者는 其由也與인저

不忮不求면 何用不臧이리오

子路終身誦之한대

子曰 是道也 何足以臧이리오

| | | | | | | | | |
|---|---|---|---|---|---|---|---|---|
| | | | | | | | | |
| | | | | | | | | |
| | | | | | | | | |
| | | | | | | | | |

공자께서 말씀하셨다.
"해진 솜옷을 입고서 여우나 담비의 가죽으로 만든 갖옷을 입은 자와 같이 서 있으면서도 부끄러워하지 않는 자는 아마도 유(자로)일 것이다. 남을 해치지 않고 남의 것을 탐하지 않는다면 어찌 부장(불선)을 행하겠는가."
자로가 위의 시구를 종신토록 외우자, 공자께서 말씀하셨다.
"이 도(방법)가 어찌 족히 선을 행할 수 있겠는가?"

• 敝 해질 폐 縕 헌솜 온,솜옷 온 袍 솜옷 포 狐 여우 호 貉 담비 학 臧 착할 장 誦 욀 송

**27_** 子曰 歲寒然後에 知松柏之後彫(凋)也니라
자왈 세한연후 지송백지후조 (조) 야

子曰 歲寒然後에 知松柏之後彫(凋)也니라

|  |  |  |  |  |  |  |  |  |  |  |  |
|---|---|---|---|---|---|---|---|---|---|---|---|
|  |  |  |  |  |  |  |  |  |  |  |  |

- 공자께서 말씀하셨다.
  "날씨가 추워진 뒤에야 소나무와 측백나무가 뒤늦게 시듦을 알 수 있다."

- 歲 해 세, 세월 세  柏 측백나무 백  彫 시들 조

**28_** 子曰 知(智)者不惑하고
자왈 지 (지) 자불혹

仁者不憂하고 勇者不懼니라
인자불우 용자불구

子曰 知(智)者不惑하고

仁者不憂하고 勇者不懼니라

|  |  |  |  |  |  |  |  |  |  |  |  |
|---|---|---|---|---|---|---|---|---|---|---|---|
|  |  |  |  |  |  |  |  |  |  |  |  |

- 공자께서 말씀하셨다.
  "지혜로운 자는 의혹하지 않고, 어진 사람은 근심하지 않고, 용맹한 자는 두려워하지 않는다."

- 惑 의혹할 혹  懼 두려워할 구

29_ 子曰 可與共學이라도 未可與適道며
　　자왈 가여공학　　　미가여적도

可與適道라도 未可與立이며
가여적도　　　미가여립

可與立이라도 未可與權이니라
가여립　　　미가여권

子曰 可與共學이라도 未可與適道며

可與適道라도 未可與立이며

可與立이라도 未可與權이니라

|  |  |  |  |  |  |  |  |  |  |  |  |  |
|---|---|---|---|---|---|---|---|---|---|---|---|---|
|  |  |  |  |  |  |  |  |  |  |  |  |  |
|  |  |  |  |  |  |  |  |  |  |  |  |  |

공자께서 말씀하셨다.
"더불어 함께 배울 수는 있어도 함께 도(道)에 나아갈 수는 없으며, 함께 도에 나아갈 수는 있어도 함께 설 수는 없으며, 함께 설 수는 있어도 함께 권도를 행할 수는 없다."

• 權 저울추 권, 저울질할 권

30_ 唐棣之華여 偏其反而로다
  당 체 지 화　편 기 번 이

  豈不爾思리오마는 室是遠而니라
  기 불 이 사　　실 시 원 이

  子曰 未之思也언정 夫何遠之有리오
  자 왈 미 지 사 야　부 하 원 지 유

唐棣之華여 偏其反而로다

豈不爾思리오마는 室是遠而니라

子曰 未之思也언정 夫何遠之有리오

|  |  |  |  |  |  |  |  |  |  |  |  |
|---|---|---|---|---|---|---|---|---|---|---|---|
|  |  |  |  |  |  |  |  |  |  |  |  |
|  |  |  |  |  |  |  |  |  |  |  |  |

- 당체(산사나무)의 꽃이여! 바람에 흔들리는구나. 어찌 너를 생각하지 않으리오마는 집이 멀기 때문이다.
  공자께서 말씀하셨다. "생각하지 않을지언정 어찌 멂이 있겠는가?"

- 棣 아가위(산사)체 華 꽃 화 偏 펄럭일 편 反 뒤집힐 번 爾 너 이 遠 멀 원

# 鄉黨 第十

1_ 孔子於鄉黨에 恂恂如也하사
공 자 어 향 당     순 순 여 야

似不能言者러시다
사 불 능 언 자

其在宗廟朝廷하사는 便便言하사되
기 재 종 묘 조 정     변 변 언

唯謹爾러시다
유 근 이

孔子於鄉黨에 恂恂如也하사

似不能言者러시다

其在宗廟朝廷하사는 便便言하시되

唯謹爾러시다

공자께서 향당(지방)에 계실 적에는 신실하게 하시어 말씀을 잘하지 못하는 것처럼 하셨다.
공자께서 종묘와 조정에 계실 적에는 말씀을 잘하시되 다만 삼가셨다.

• 恂 성실할 순  廟 사당 묘  便 말잘할 변

**2—** 朝에 與下大夫言에 侃侃如也하시며
조 여하대부언 간간여야

與上大夫言에 誾誾如也러시다
여 상대부언 은은여야

君在어시든 踧踖如也하시며 與與如也러시다
군 재 축 적 여 야 여 여 여 야

朝에 與下大夫言에 侃侃如也하시며

與上大夫言에 誾誾如也러시다

君在어시든 踧踖如也하시며 與與如也러시다

| | | | | | | | | | | | | |
|---|---|---|---|---|---|---|---|---|---|---|---|---|
| | | | | | | | | | | | | |
| | | | | | | | | | | | | |
| | | | | | | | | | | | | |

• 조정에서 하대부와 말씀하실 적에는 강직하게 하셨으며, 상대부와 말씀하실 적에는 화락하게 하셨다.
군주가 계실 때에는 공경하여 편안치 않은 모습이셨고, 위의가 알맞은 모습이셨다.

• 踧 조심하여걸을 축 踖 조심하여걸을 적(척)

3_ 君召使擯(儐)이어든 色勃如也하시며
군 소 사 빈 (빈)      색 발 여 야

足躩如也러시다
족 확 여 야

揖所與立하사되 左右手러시니 衣前後 襜如也러시다
읍 소 여 립      좌 우 수      의 전 후 첨 여 야

趨進에 翼如也러시다
추 진    익 여 야

賓退어든 必復命曰 賓不顧矣라하더시다
빈 퇴    필 복 명 왈 빈 불 고 의

君召使擯(儐)이어든 色勃如也하시며

足躩如也러시다

揖所與立하사되 左右手러시니

衣前後 襜如也러시다 趨進에 翼如也러시다

賓退어든 必復命曰 賓不顧矣라하더시다

|  |  |  |  |  |  |  |  |  |  |
|--|--|--|--|--|--|--|--|--|--|
|  |  |  |  |  |  |  |  |  |  |
|  |  |  |  |  |  |  |  |  |  |
|  |  |  |  |  |  |  |  |  |  |
|  |  |  |  |  |  |  |  |  |  |

- 군주가 불러 빈(擯)을 시키시면 낯빛을 변하시며 발걸음을 조심하셨다.
함께 서 있는 동료의 빈에게 읍(揖)하시되 손을 좌로 하고 우로 하셨는데, 옷의 앞뒷자락이 가지런하셨다.
빨리 걸어 나아가실 적에 새가 날개를 편 듯하셨다.
손님(국빈)이 물러가면 반드시 복명하시기를 "손님이 돌아보지 않고 잘 갔습니다." 하셨다.

- 擯 손님맞는사신 빈 勃 낯변할 발 躩 발굽힐 확(곽) 揖 읍할 읍 襜 가지런할 첨 趨 빨리갈 추 翼 날개 익

**4-1_** 入公門하실새 鞠躬如也하사 如不容이러시다
입공문　　　국궁여야　　여불용

立不中門하시며 行不履閾이러시다
입부중문　　　행불리역

過位하실새 色勃如也하시며 足躩如也하시며
과위　　색발여야　　　족확여야

其言이 似不足者러시다
기언　사부족자

入公門하실새 鞠躬如也하사 如不容이러시다

立不中門하시며 行不履閾이러시다

過位하실새 色勃如也하시며 足躩如也하시며

其言이 似不足者러시다

|  |  |  |  |  |  |  |  |  |  |  |  |  |
|---|---|---|---|---|---|---|---|---|---|---|---|---|
|  |  |  |  |  |  |  |  |  |  |  |  |  |
|  |  |  |  |  |  |  |  |  |  |  |  |  |
|  |  |  |  |  |  |  |  |  |  |  |  |  |

공문(궁문)에 들어가실 적에 몸을 굽히시어 용납하지 못하는 듯이 하셨다.
서 있을 때에는 문 가운데에 서지 않으시고, 다니실 때에는 역(閾)을 밟지 않으셨다.
군주가 계시던 자리를 지나실 적에 낯빛을 변하시고 발을 조심하시며, 말씀이 부족한 듯이 하셨다.

• 鞠 굽힐국 躬 몸궁 履 밟을 리 閾 문지방역

4-2_ 攝齊升堂하실새 鞠躬如也하시며
섭 자 승 당　　　국 궁 여 야

屏氣하사 似不息者러시다
병 기　　　사 불 식 자

出降一等하사는 逞顔色하사 怡怡如也하시며
출 강 일 등　　　영 안 색　　　이 이 여 야

沒階하사는 趨(進)翼如也하시며
몰 계　　　추 (추) 익 여 야

復其位하사는 踧踖如也러시다
복 기 위　　　축 적 여 야

攝齊升堂하실새 鞠躬如也하시며

屏氣하사 似不息者러시다

出降一等하사는 逞顔色하사 怡怡如也하시며

沒階하사는 趨(進)翼如也하시며

復其位하사는 踧踖如也러시다

---

옷자락을 잡고 당(堂)에 오르실 적에 몸을 굽히시며 숨을 죽이시어 숨 쉬지 않는 것처럼 하셨다.
나와서 한 층계를 내려서서는 낯빛을 펴서 화평하게 하시며, 층계를 다 내려와서는 종종걸음으로 걸으시되 새가 날개를
편 듯이 하시며, 자기 자리로 돌아와서는 공경하여 편안치 않은 모습이셨다.

- 攝 잡을 섭 齊 옷자락 자 屏 감출 병 息 숨쉴 식

**5_** 執圭하사되 鞠躬如也하사 如不勝하시며
집규　　　　국궁여야　　　　여불승

上如揖하시고 下如授하시며
상여읍　　　　하여수

勃如戰色하시며 足蹜蹜如有循이러시다
발여전색　　　　족축축여유순

享禮에 有容色하시며
향례　　유용색

私覿에 愉愉如也러시다
사적　　유유여야

執圭하사되 鞠躬如也하사 如不勝하시며

上如揖하시고 下如授하시며

勃如戰色하시며 足蹜蹜如有循이러시다

享禮에 有容色하시며

私覿에 愉愉如也러시다

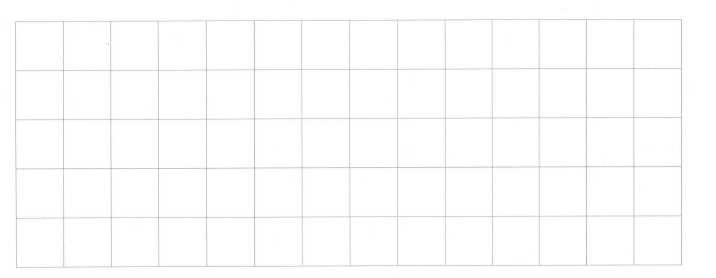

명규를 잡으시되 몸을 굽히시어 이기지(감당하지) 못하는 듯이 하셨으며,
명규를 잡는 위치는 위로는 서로 읍(揖)할 때와 같게 하시고 아래로는 물건을 줄 때와 같게 하시며,
낯빛을 변하여 두려워하는 빛을 띠시며, 발걸음을 좁고 낮게 떼시어 물건을 따르듯이 하셨다.
연향하는 예석에서는 온화한 낯빛이 있으셨다.
사사로이 만나보실 적에는 화평하게 하셨다.

• 授 줄 수　戰 두려울 전　蹜 종종걸음칠 축　循 따를 순　享 잔치 향　覿 볼 적　愉 화할 유

6-1_ 君子는 不以紺緅飾하시며
　　　군 자　　　불 이 감 추 식

紅紫로 不以爲褻服이러시다
홍 자　불 이 위 설 복

當暑하사 袗絺綌을 必表而出之러시다
당 서　　진 치 격　필 표 이 출 지

緇衣엔 羔裘요 素衣엔 麑裘요
치 의 고 구　소 의　　예 구

黃衣엔 狐裘러시다
황 의　호 구

褻裘는 長호되 短右袂러시다
설 구　장　　단 우 몌

君子는 不以紺緅飾하시며

紅紫로 不以爲褻服이러시다

當暑하사 袗絺綌을 必表而出之러시다

緇衣엔 羔裘요 素衣엔 麑裘요

黃衣엔 狐裘러시다

褻裘는 長호되 短右袂러시다

- 군자는 감색과 붉은 빛으로 옷을 선두르지 않으시며,
  홍색과 자주색으로는 평상복도 만들지 않으셨다.
  더위를 당하시어 가는 갈포와 굵은 갈포로 만든 홑옷을 반드시 겉에 입으셨다.
  검은 옷에는 검은 염소 가죽 갓옷을 입고, 흰옷에는 흰 사슴 새끼 가죽 갓옷을 입고,
  누런 옷에는 누런 여우 가죽 갓옷을 입으셨다.
  평상시에 입는 갓옷은 길게 하되, 오른쪽 소매를 짧게 하셨다.

- 紺 아청 감 緅 붉을 추 飾 선두를 식 紫 자줏빛 자 褻 평상복 설 暑 더울 서 袗 홑옷 진 絺 가는갈포 치 綌 굵은갈포 격
  緇 검을 치 羔 염소 고 裘 갓옷 구 麑 사슴새끼 예 狐 여우 호 褻 평상복 설 袂 옷소매 몌

**6-2_** 必有寢衣하시니 長이 一身有半이러라
필유침의　　　　장　일신유반

狐貉之厚로 以居러시다
호학지후　　이거

去喪하사는 無所不佩러시다
거상　　　　무소불패

非帷裳이어든 必殺之러시다
비유상　　　　필쇄지

羔裘玄冠으로 不以弔러시다
고구현관　　　불이조

吉月에 必朝服而朝러시다
길월　　필조복이조

必有寢衣하시니 長이 一身有半이러라

狐貉之厚로 以居러시다

去喪하사는 無所不佩러시다

非帷裳이어든 必殺之러시다

羔裘玄冠으로 不以弔러시다

吉月에 必朝服而朝러시다

- 반드시 잠옷이 있으셨으니, 길이가 한 길하고 또 반이었다.
- 여우와 담비의 두텁고 푹신한 가죽옷으로 거처하셨다.
- 탈상하시고는 패물을 차지 않는 것이 없으셨다.
- 유상(주름치마)이 아니면 반드시 치마의 허리통에 주름을 잡지 않고 줄여서 꿰매셨다.
- 염소 가죽 갖옷과 검은 관차림으로 조문하지 않으셨다.
- 길월(초하루)에는 반드시 조복을 입고 조회하셨다.

7_ 齊必有明衣하시니 布러라
　　재　필　유　명　의　　　포

齊必變食하시며 居必遷坐러시다
재　필　변　식　　　거　필　천　좌

齊必有明衣하시니 布러라

齊必變食하시며 居必遷坐러시다

|  |  |  |  |  |  |  |  |  |  |  |  |  |
|--|--|--|--|--|--|--|--|--|--|--|--|--|
|  |  |  |  |  |  |  |  |  |  |  |  |  |
|  |  |  |  |  |  |  |  |  |  |  |  |  |

- 재계하실 적에는 반드시 명의가 있으셨으니, 베로 만들었다.
- 재계하실 적에는 반드시 음식을 바꾸시며, 거처함에 반드시 자리를 옮기셨다.

- 齊 재계할 재

**8-1_** 食不厭精하시며 膾不厭細러시다
사불염정　　　회불염세

食饐而餲와 魚餒而肉敗를 不食하시며
사애이애　어뇌이육패　　불식

色惡不食하시며 臭惡不食하시며
색악불식　　　취악불식

失飪不食하시며 不時不食이러시다
실임불식　　　불시불식

割不正이어든 不食하시며 不得其醬이어든 不食이러시다
할부정　　　불식　　　부득기장　　　불식

肉雖多나 不使勝食氣하시며
육수다　불사승사기

唯酒無量하사되 不及亂이러시다
유주무량　　　불급란

沽酒市脯를 不食하시며 不撤薑食하시며 不多食이러시다
고주시포　불식　　　불철강식　　　부다식

食不厭精하시며 膾不厭細러시다

食饐而餲와 魚餒而肉敗를 不食하시며

色惡不食하시며 臭惡不食하시며

失飪不食하시며 不時不食이러시다

割不正이어든 不食하시며

不得其醬이어든 不食이러시다

肉雖多나 不使勝食氣하시며

唯酒無量하사되 不及亂이러시다

沽酒市脯를 不食하시며

不撤薑食하시며 不多食이러시다

|  |  |  |  |  |  |  |  |  |  |  |
|--|--|--|--|--|--|--|--|--|--|--|
|  |  |  |  |  |  |  |  |  |  |  |
|  |  |  |  |  |  |  |  |  |  |  |
|  |  |  |  |  |  |  |  |  |  |  |
|  |  |  |  |  |  |  |  |  |  |  |
|  |  |  |  |  |  |  |  |  |  |  |
|  |  |  |  |  |  |  |  |  |  |  |
|  |  |  |  |  |  |  |  |  |  |  |
|  |  |  |  |  |  |  |  |  |  |  |
|  |  |  |  |  |  |  |  |  |  |  |

밥은 정한 것을 싫어하지 않으시며, 회는 가늘게 썬 것을 싫어하지 않으셨다.

밥이 상하여 쉰 것과 생선이 상하고 고기가 부패한 것을 먹지 않으셨으며, 빛깔이 나쁜 것을 먹지 않으시고 냄새가 나쁜 것을 먹지 않으셨으며, 요리를 잘못하였거든 먹지 않으시고 때가 아닌 것을 먹지 않으셨다.

자른 것이 바르지 않으면 먹지 않으시고, 음식에 알맞는 장을 얻지 못하면 먹지 않으셨다. 고기가 비록 많으나 밥 기운을 이기게 하지 않으셨으며, 오직 술만은 일정한 양이 없으셨으나 어지러움에 이르지 않게 하셨다.

시장에서 산 술과 포를 먹지 않으시며 생강 먹는 것을 거두지 않으시며 많이 먹지 않으셨다.

- 厭 싫어할 염 膾 회 회 饐 밥쉴 애(의) 餲 밥쉴 애(알) 餒 물러터질 뇌 敗 썩을 패 臭 냄새 취 飪 익힐 임 割 벨 할 醬 장 장
  沽 살 고 市 살 시 脯 포 포 撤 거둘 철 薑 생강 강

**8-2_** 祭於公에 不宿肉하시며 祭肉은 不出三日하더시니
제 어 공 불 숙 육　　제 육　　불 출 삼 일

出三日이면 不食之矣니라 食不語하시며 寢不言이러시다
출 삼 일　　불 식 지 의　　식 불 어　　침 불 언

雖疏食菜羹이라도 瓜〔必〕祭하사되 必齊如也러시다
수 소 사 채 갱　　과 〔필〕제　　필 제 여 야

祭於公에 不宿肉하시며

祭肉은 不出三日하더시니

出三日이면 不食之矣니라

食不語하시며 寢不言이러시다

雖疏食菜羹이라도

瓜〔必〕祭하사되 必齊如也러시다

|  |  |  |  |  |  |  |  |
|---|---|---|---|---|---|---|---|
|  |  |  |  |  |  |  |  |
|  |  |  |  |  |  |  |  |
|  |  |  |  |  |  |  |  |
|  |  |  |  |  |  |  |  |
|  |  |  |  |  |  |  |  |

- 공소(임금 계신 곳)에서 제사지내실 적에 받은 고기는 밤을 재우지 않으셨으며, 집에서 제사지낸 고기는 3일을 넘기지 않으셨으니, 3일이 지나면 먹지 못하기 때문이다.
음식을 먹을 적에 대답하지 않으시며, 잠잘 적에 먼저 말씀을 꺼내지 않으셨다.
비록 거친 밥과 나물국이라도 반드시 제(고수레)하시되 반드시 공경히 하셨다.

- 菜 나물 채 羹 국 갱 瓜 오이 과

**9_** 席不正이어든 不坐러시다
석 부 정　　부 좌

席不正이어든 不坐러시다

| | | | | | | | | | | | |
|---|---|---|---|---|---|---|---|---|---|---|---|

- 자리가 바르지 않으면 앉지 않으셨다.

**10_** 鄕人飮酒에 杖者出이어든 斯出矣러시다
향 인 음 주　　장 자 출　　　　사 출 의

鄕人儺에 朝服而立於阼階러시다
향 인 나　　조 복 이 립 어 조 계

鄕人飮酒에 杖者出이어든 斯出矣러시다

鄕人儺에 朝服而立於阼階러시다

| | | | | | | | | | | | |
|---|---|---|---|---|---|---|---|---|---|---|---|
| | | | | | | | | | | | |

- 시골(지방) 사람들이 술을 마실 적에 지팡이를 짚은 분(老人)이 나가면 따라 나가셨다.
  시골 사람들이 나례를 행할 적에는 조복을 입고 동쪽 섬돌에 서 계셨다.

- 杖 지팡이 장 儺 굿할 나 阼 동쪽섬돌 조 階 섬돌 계

11_ 問人於他邦하실새 再拜而送之러시다
문 인 어 타 방　　　재 배 이 송 지

康子饋藥이어늘 拜而受之曰
강 자 궤 약　　　배 이 수 지 왈

丘未達이라 不敢嘗이라하시다
구 미 달　　　불 감 상

問人於他邦하실새 再拜而送之러시다

康子饋藥이어늘 拜而受之曰

丘未達이라 不敢嘗이라하시다

|  |  |  |  |  |  |  |  |  |  |  |  |
|--|--|--|--|--|--|--|--|--|--|--|--|
|  |  |  |  |  |  |  |  |  |  |  |  |
|  |  |  |  |  |  |  |  |  |  |  |  |
|  |  |  |  |  |  |  |  |  |  |  |  |

사람을 다른 나라에 보내어 안부를 물으실 적에는 두 번 절하고 보내셨다.
계강자가 약(藥)을 보내오자, 공자께서 절하여 받으시고 말씀하셨다.
"나는 이 약의 성분을 알지 못하기 때문에 감히 맛보지 못합니다."

• 邦 나라방 饋 줄 궤 嘗 맛볼상

12_　廏焚이어늘
　　　　구 분

子退朝曰
자 퇴 조 왈

傷人乎아하시고
상 인 호

不問馬러시다
불 문 마

廏焚이어늘

子退朝曰

傷人乎아하시고

不問馬러시다

|  |  |  |  |  |  |  |  |  |  |  |  |  |
|---|---|---|---|---|---|---|---|---|---|---|---|---|
|  |  |  |  |  |  |  |  |  |  |  |  |  |
|  |  |  |  |  |  |  |  |  |  |  |  |  |
|  |  |  |  |  |  |  |  |  |  |  |  |  |

●　마구간이 불탔는데, 공자께서 퇴조하여 "사람이 상했느냐" 하시고, 말에 대해서는 묻지 않으셨다.

●　廏 마구간 구 焚 태울 분

鄉黨第十

71

13_ 君이 賜食이어시든 必正席先嘗之하시고
군 사식 필정석선상지

君이 賜腥이어시든 必熟而薦之하시고
군 사성 필숙이천지

君이 賜生이어시든 必畜之러시다
군 사생 필휵지

侍食於君에 君祭어시든 先飯이러시다
시식어군 군제 선반

疾에 君이 視之어시든 東首하시고
질 군 시지 동수

加朝服拖紳이러시다
가조복타신

君이 命召어시든 不俟駕行矣러시다
군 명소 불사가행의

入太廟하사 每事를 問이러시다
입태묘 매사 문

君이 賜食이어시든 必正席先嘗之하시고

君이 賜腥이어시든 必熟而薦之하시고

君이 賜生이어시든 必畜之러시다

侍食於君에 君祭어시든 先飯이러시다

疾에 君이 視之어시든 東首하시고

加朝服拖紳이러시다

君이 命召어시든 不俟駕行矣러시다

入太廟하사 每事를 問이러시다

腥 날고기 성 熟 익을 숙 薦 올릴 천 拖 걸 타 紳 띠 신 駕 멍에 가

14_ 朋友死하여 無所歸어든 曰於我殯이라하시다
붕 우 사　　무 소 귀　　왈 어 아 빈

朋友之饋는 雖車馬라도 非祭肉이어든 不拜러시다
붕 우 지 궤　　수 거 마　　비 제 육　　불 배

朋友死하여 無所歸어든 曰於我殯이라하시다

朋友之饋는 雖車馬라도 非祭肉이어든 不拜러시다

| | | | | | | | | | | |
|---|---|---|---|---|---|---|---|---|---|---|
| | | | | | | | | | | |

> 벗이 죽어서 돌아갈 곳이 없으면 "우리 집에 빈(殯)하라." 하셨다.
> 벗의 선물은 비록 수레와 말이라도 제사지낸 고기가 아니면 절하지 않으셨다.

- 殯 빈소 빈　饋 선물 궤

15_ 寢不尸하시며 居不容이러시다
침 불 시　　거 불 용

見齊衰者하시고 雖狎이나 必變하시며
견 자 최 자　　수 압　　필 변

見冕者與瞽者하시고 雖褻이나 必以貌러시다
견 면 자 여 고 자　　수 설　　필 이 모

凶服者를 式之하시며 式負版者러시다
흉 복 자　 식 지　　식 부 판 자

有盛饌이어든 必變色而作이러시다
유 성 찬　　필 변 색 이 작

迅雷風烈에 必變이러시다
신 뢰 풍 열　 필 변

寢不尸하시며 居不容이러시다

見齊衰者하시고 雖狎이나 必變하시며

見冕者與瞽者하시고 雖褻이나 必以貌러시다

凶服者를 式之하시며 式負版者러시다

有盛饌이어든 必變色而作이러시다

迅雷風烈에 必變이러시다

잠잘 때에는 죽은 사람처럼 하지 않으시며, 집에 거처하실 때에는 모양을 내지 않으셨다.
제쇠(상복)를 입은 자를 보시고는 비록 절친한 사이라도 반드시 낯빛을 변하시며,
면관을 쓴 자와 봉사를 보시고는 비록 사석이라도 반드시 예모를 하셨다.
흉복(상복)을 입은 자에게 식(경례)하시며, 지도와 호적을 짊어진 자에게 식하셨다.
성찬이 있으면 반드시 낯빛을 변하고 일어나셨다.
빠른 우레와 맹렬한 바람에 반드시 낯빛을 변하셨다.

• 寢 잠잘침 尸 시체시 容 모양낼용 狎 친압할압 冕 면류관면 瞽 봉사고 饌 음식찬 作 일어날작 迅 빠를신

16_ 升車<sub>하사</sub> 必正立執綏<sub>러시다</sub>
　　　　승 거　　　　필 정 립 집 수

車中<sub>에</sub> 不內顧<sub>하시며</sub>
　거 중　　불 내 고

不疾言<sub>하시며</sub> 不親指<sub>러시다</sub>
　부 질 언　　　불 친 지

升車<sub>하사</sub> 必正立執綏<sub>러시다</sub>

車中<sub>에</sub> 不內顧<sub>하시며</sub>

不疾言<sub>하시며</sub> 不親指<sub>러시다</sub>

|  |  |  |  |  |  |  |  |  |  |  |  |  |  |
|---|---|---|---|---|---|---|---|---|---|---|---|---|---|
|  |  |  |  |  |  |  |  |  |  |  |  |  |  |
|  |  |  |  |  |  |  |  |  |  |  |  |  |  |

● 수레에 오르셔서는 반드시 바르게 서서 끈을 잡으셨다.
　수레 속에서 안쪽을 돌아보지 않으시며, 말씀을 빨리 하지 않으시며, 손가락으로 친히 가리키지 않으셨다.

● 升 오를승 綏 끈수 顧 돌아볼고 疾 빠를질

**17_** 色斯舉矣하여 翔而後集이니라
색 사 거 의　　상 이 후 집

日 山梁雌雉 時哉時哉인저
왈 산 량 자 치　시 재 시 재

子路共之한대 三嗅而作하시다
자 로 공 지　　삼 후 이 작

色斯舉矣하여 翔而後集이니라

日 山梁雌雉 時哉時哉인저

子路共之한대 三嗅而作하시다

|  |  |  |  |  |  |  |  |  |  |  |  |  |
|---|---|---|---|---|---|---|---|---|---|---|---|---|
|  |  |  |  |  |  |  |  |  |  |  |  |  |
|  |  |  |  |  |  |  |  |  |  |  |  |  |
|  |  |  |  |  |  |  |  |  |  |  |  |  |

- 새가 사람의 얼굴빛이 나쁨을 보고 날아가 빙빙 돌며 살펴본 뒤에 내려앉는다.
  공자께서 말씀하시기를 "산 교량의 암꿩이 때에 맞는구나! 때에 맞는구나!" 하셨다.
  자로가 그 꿩을 잡아 올리니, 세 번 냄새를 맡고 일어나셨다.

- 翔 날상 集 앉을집, 모일집 梁 다리량 雌 암컷자 雉 꿩치 嗅 냄새맡을후

論語

# 先進 第十一

1_ 子曰 先進이 於禮樂에 野人也요
　　자왈 선진 어례악 야인야

　　後進이 於禮樂에 君子也라하나니
　　후진 어례악 군자야

　　如用之면 則吾從先進호리라
　　여용지 즉오종선진

子曰 先進이 於禮樂에 野人也요

後進이 於禮樂에 君子也라하나니

如用之면 則吾從先進호리라

| | | | | | | | | | | | | |
|---|---|---|---|---|---|---|---|---|---|---|---|---|
| | | | | | | | | | | | | |
| | | | | | | | | | | | | |

공자께서 말씀하셨다.
"지금 사람들이 이르기를 선배들이 예악에 대하여 한 것은 야인(촌스러운 사람)이고,
후배들이 예악에 대하여 한 것은 군자라고 한다.
내가 만일 예악을 쓴다면 나는 선배들을 따르겠다."

• 野 들야

2— 子曰 從我於陳蔡者 皆不及門也로다
　　자왈 종아어진채자 개불급문야

德行엔 顔淵, 閔子騫, 冉伯牛, 仲弓이요
덕행　　안연　민자건　염백우　중궁

言語엔 宰我, 子貢이요 政事엔 冉有, 季路요
언어　재아　자공　　정사　염유　계로

文學엔 子游, 子夏니라
문학　자유　자하

子曰 從我於陳蔡者 皆不及門也로다

德行엔 顔淵, 閔子騫, 冉伯牛, 仲弓이요

言語엔 宰我, 子貢이요 政事엔 冉有, 季路요

文學엔 子游, 子夏니라

| | | | | | | | | | | | | |
|---|---|---|---|---|---|---|---|---|---|---|---|---|
| | | | | | | | | | | | | |
| | | | | | | | | | | | | |
| | | | | | | | | | | | | |

---

● 공자께서 말씀하셨다.
"나를 진(陳)나라와 채(蔡)나라에서 따르던 자들이 지금 모두 문하에 있지 않구나."
덕행에는 안연·민자건·염백우·중궁이고, 언어에는 재아·자공이고, 정사에는 염유·계로이고, 문학에는 자유·자하였다.

● 陳 나라이름 진 蔡 나라이름 채 冉 성 염

**3_** 子曰 回也는 非助我者也로다
자왈 회야 비조아자야

於吾言에 無所不說이온여
어 오 언 무 소 불 열

子曰 回也는 非助我者也로다

於吾言에 無所不說이온여

|  |  |  |  |  |  |  |  |  |  |  |  |
|---|---|---|---|---|---|---|---|---|---|---|---|
|  |  |  |  |  |  |  |  |  |  |  |  |
|  |  |  |  |  |  |  |  |  |  |  |  |

공자께서 말씀하셨다.
"안회는 나를 돕는 자가 아니로다. 나의 말에 대해 기뻐하지 않는 것이 없구나."

**4_** 子曰 孝哉라 閔子騫이여
자왈 효재 민자건

人不間於其父母昆弟之言이로다
인 불 간 어 기 부 모 곤 제 지 언

子曰 孝哉라 閔子騫이여

人不間於其父母昆弟之言이로다

|  |  |  |  |  |  |  |  |  |  |  |  |  |
|---|---|---|---|---|---|---|---|---|---|---|---|---|
|  |  |  |  |  |  |  |  |  |  |  |  |  |
|  |  |  |  |  |  |  |  |  |  |  |  |  |

공자께서 말씀하셨다.
"효성스럽구나, 민자건이여! 사람들이 그 부모와 형제의 칭찬하는 말에 흠잡지 못하는구나."

• 昆 맏 곤

5_ 南容이 三復白圭어늘
남 용 삼 복 백 규

孔子以其兄之子로 妻之하시다
공 자 이 기 형 지 자 처 지

南容이 三復白圭어늘

孔子以其兄之子로 妻之하시다

| | | | | | | | | | | | |
|---|---|---|---|---|---|---|---|---|---|---|---|
| | | | | | | | | | | | |
| | | | | | | | | | | | |

• 남용이 백규를 읊은 시를 하루에 세 번 반복해서 외우니, 공자께서 그 형의 딸을 그에게 시집보내셨다.

• 復 반복할 복 圭 홀 규 妻 시집보낼 처

**6_** 季康子問 弟子孰爲好學이니잇고
계 강 자 문 제 자 숙 위 호 학

孔子對曰 有顔回者好學하더니
공 자 대 왈 유 안 회 자 호 학

不幸短命死矣라 今也則亡하니라
불 행 단 명 사 의 금 야 즉 무

季康子問 弟子孰爲好學이니잇고

孔子對曰 有顔回者好學하더니

不幸短命死矣라 今也則亡하니라

|  |  |  |  |  |  |  |  |  |  |  |  |
|---|---|---|---|---|---|---|---|---|---|---|---|
|  |  |  |  |  |  |  |  |  |  |  |  |
|  |  |  |  |  |  |  |  |  |  |  |  |
|  |  |  |  |  |  |  |  |  |  |  |  |

- 계강자가 묻기를 "제자 중에 누가 배우기를 좋아합니까?" 하자, 공자께서 대답하셨다.
  "안회라는 자가 배우기를 좋아했었는데 불행히도 명이 짧아 죽어 지금은 없다."

- 孰 누구숙

**7_**

顔淵이 死어늘 顔路請子之車하여 以爲之槨한대
안 연 사 안 로 청 자 지 거 이 위 지 곽

子曰 才不才에 亦各言其子也니
자 왈 재 부 재 역 각 언 기 자 야

鯉也死어늘 有棺而無槨호니 吾不徒行하여
리 야 사 유 관 이 무 곽 오 부 도 행

以爲之槨은 以吾從大夫之後라
이 위 지 곽 이 오 종 대 부 지 후

不可徒行也일새니라
불 가 도 행 야

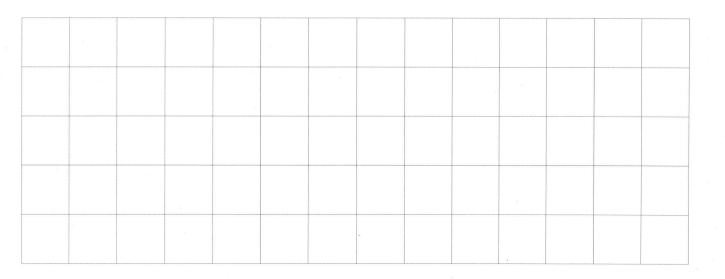

---

안연이 죽자 안로가 공자의 수레를 팔아 곽(외관)을 사기를 청하니, 공자께서 말씀하셨다.

"재주가 있거나 재주가 없거나 또한 각각 자기 아들이라고 말한다. 내 아들 리가 죽었을 적에 관만 있었고 곽은 없었으니, 내가 수레를 팔아 도보로 걸어 다녀 곽을 만들어주지 못하는 것은 내가 대부의 뒤를 따르기 때문에 도보로 걸어 다닐 수 없어서이다."

● 槨 외관곽 鯉 잉어 리 徒 한갓 도

**8_** 顔淵이 死어늘 子曰
　　　　안 연　사　　자 왈

噫라 天喪予삿다 天喪予삿다
희　천 상 여　　천 상 여

顔淵이 死어늘 子曰

噫라 天喪予삿다 天喪予삿다

| | | | | | | | | | | | | |
|---|---|---|---|---|---|---|---|---|---|---|---|---|
| | | | | | | | | | | | | |
| | | | | | | | | | | | | |

----------•
안연이 죽자, 공자께서 말씀하셨다.
"아! 하늘이 나를 망하게 하였구나. 하늘이 나를 망하게 하였구나."

• 噫 슬플 희 喪 망할 상, 죽을 상

84

9_ 顔淵이 死어늘 子哭之慟하신대
　　　안 연　사　　자 곡 지 통

從者曰 子慟矣시니이다
종 자 왈　자 통 의

曰 有慟乎아 非夫人之爲慟이요 而誰爲리오
왈 유 통 호　　비 부 인 지 위 통　　　이 수 위

顔淵이 死어늘 子哭之慟하신대

從者曰 子慟矣시니이다

曰 有慟乎아 非夫人之爲慟이요 而誰爲리오

|  |  |  |  |  |  |  |  |  |  |  |  |  |  |
|---|---|---|---|---|---|---|---|---|---|---|---|---|---|
|  |  |  |  |  |  |  |  |  |  |  |  |  |  |
|  |  |  |  |  |  |  |  |  |  |  |  |  |  |  |

안연이 죽자, 공자께서 곡하시기를 너무 애통해 하셨다. 종자가 말하였다.
"선생님께서는 너무 애통해 하십니다."
공자께서 말씀하셨다.
"너무 애통함이 있었느냐? 저 사람을 위해 애통해 하지 않고 누구를 위해 애통해 하겠는가."

• 慟 애통할 통　誰 누구 수

**10_** 顔淵이 死어늘 門人이 欲厚葬之한대
안연 사 문인 욕후장지

子曰 不可하니라
자왈 불가

門人이 厚葬之한대
문인 후장지

子曰 回也는 視予猶父也어늘
자왈 회야 시여유부야

予는 不得視猶子也호니
여 부득시유자야

非我也라 夫二三子也니라
비아야 부이삼자야

안연이 죽자 문인들이 후히 장사지내려 하니, 공자께서 "옳지 않다." 하셨다.
문인들이 후장하자, 공자께서 말씀하셨다.
"안회는 나 보기를 아버지처럼 여겼는데, 나는 그를 자식처럼 보지 못했으니,
내가 그렇게 한 것이 아니라 저들이 한 것이다."

- 厚 두터울 후  葬 장사지낼 장  猶 같을 유

**11_** 季路問事鬼神한대 子曰 未能事人이면
계로문사귀신  자왈 미능사인

焉能事鬼리오 敢問死하노이다
언능사귀  감문사

曰 未知生이면 焉知死리오
왈 미지생  언지사

季路問事鬼神한대 子曰 未能事人이면

焉能事鬼리오 敢問死하노이다

曰 未知生이면 焉知死리오

|  |  |  |  |  |  |  |  |  |  |  |  |
|--|--|--|--|--|--|--|--|--|--|--|--|
|  |  |  |  |  |  |  |  |  |  |  |  |
|  |  |  |  |  |  |  |  |  |  |  |  |

- 계로가 귀신 섬김을 묻자, 공자께서 "산 사람을 잘 섬기지 못한다면 어떻게 귀신을 섬기겠는가?" 하셨다.
  "감히 죽음을 묻습니다." 하자, 공자께서 "삶을 모른다면 어떻게 죽음을 알겠는가?" 하셨다.

- 焉 어찌 언

12_ 閔子는 侍側에 誾誾如也하고
민 자 시 측 은 은 여 야

子路는 行行如也하고
자 로 항 항 여 야

冉有子貢은 侃侃如也어늘 子樂하시다
염 유 자 공 간 간 여 야 자 락

若由也는 不得其死然이로다
약 유 야 부 득 기 사 연

閔子는 侍側에 誾誾如也하고

子路는 行行如也하고

冉有子貢은 侃侃如也어늘 子樂하시다

若由也는 不得其死然이로다

|  |  |  |  |  |  |  |  |  |  |  |  |
|---|---|---|---|---|---|---|---|---|---|---|---|
|  |  |  |  |  |  |  |  |  |  |  |  |
|  |  |  |  |  |  |  |  |  |  |  |  |
|  |  |  |  |  |  |  |  |  |  |  |  |

민자건은 옆에서 모실 적에 은은(온화)하였고, 자로는 행행(굳셈)하였고,
염유와 자공은 간간(강직)하니, 공자께서 즐거워하셨다.
"유(자로)는 제대로 죽지 못할 것이다."

• 側 곁 측 誾 화할 은 行 굳셀 항 侃 강직할 간

13_ 魯人이 爲長府러니
노 인  위 장 부

閔子騫曰
민 자 건 왈

仍舊貫如之何오
잉 구 관 여 지 하

何必改作이리오
하 필 개 작

子曰 夫人이 不言이언정 言必有中이니라
자 왈 부 인  불 언  언 필 유 중

魯人이 爲長府러니

閔子騫曰

仍舊貫如之何오

何必改作이리오

子曰 夫人이 不言이언정 言必有中이니라

| | | | | | | | | | | | | |
|---|---|---|---|---|---|---|---|---|---|---|---|---|
| | | | | | | | | | | | | |
| | | | | | | | | | | | | |
| | | | | | | | | | | | | |
| | | | | | | | | | | | | |

노(魯)나라 사람이 장부라는 창고를 고쳐 짓자, 민자건이 말하였다.
"옛 일을 그대로 따르는 것이 어떻겠는가. 하필 고쳐 지어야 하는가?"
공자께서 말씀하셨다. "저 사람이 말을 하지 않을지언정 말하면 반드시 도리에 맞음이 있다."

• 府 곳집부 仍 인할잉, 따를잉 貫 일관 中 맞을중

14_ 子曰 由之瑟을 奚爲於丘之門고
자왈 유지슬 해위어구지문

門人이 不敬子路한대
문인 불경자로

子曰 由也는 升堂矣요 未入於室也니라
자왈 유야 승당의 미입어실야

子曰 由之瑟을 奚爲於丘之門고

門人이 不敬子路한대

子曰 由也는 升堂矣요 未入於室也니라

공자께서 말씀하셨다.
"유(자로)의 슬을 어찌하여 나의 문에서 연주하는가."
문인들이 자로를 공경하지 않자, 공자께서 말씀하셨다.
"유는 당에는 올랐고 아직 방에 들어오지 못했을 뿐이다."

• 瑟 비파슬 奚 어찌해

**15_** 子貢이 問 師與商也 孰賢이니잇고
자공 문 사여상야 숙현

子曰 師也는 過하고
자왈 사야 과

商也는 不及이니라
상야 불급

曰 然則師愈與잇가
왈 연즉사유여

子曰 過猶不及이니라
자왈 과유불급

子貢이 問 師與商也 孰賢이니잇고

子曰 師也는 過하고

商也는 不及이니라

曰 然則師愈與잇가

子曰 過猶不及이니라

|  |  |  |  |  |  |  |  |  |  |  |  |  |
|--|--|--|--|--|--|--|--|--|--|--|--|--|
|  |  |  |  |  |  |  |  |  |  |  |  |  |
|  |  |  |  |  |  |  |  |  |  |  |  |  |
|  |  |  |  |  |  |  |  |  |  |  |  |  |
|  |  |  |  |  |  |  |  |  |  |  |  |  |

자공이 "사(자장)와 상(자하)이 누가 낫습니까?" 하고 묻자, 공자께서 "사는 지나치고 상은 미치지 못한다." 하셨다.
자공이 물었다. "그러면 사가 낫습니까?"
공자께서 말씀하셨다. "지나침은 미치지 못함과 같다."

• 賢 나을 현

**16_** 季氏富於周公이어늘
계 씨 부 어 주 공

而求也 爲之聚斂而附益之한대
이 구 야 위 지 취 렴 이 부 익 지

子曰 非吾徒也로소니
자 왈 비 오 도 야

小子아 鳴鼓而攻之 可也니라
소 자 명 고 이 공 지 가 야

季氏富於周公이어늘

而求也 爲之聚斂而附益之한대

子曰 非吾徒也로소니

小子아 鳴鼓而攻之 可也니라

|  |  |  |  |  |  |  |  |  |  |  |  |
|---|---|---|---|---|---|---|---|---|---|---|---|
|  |  |  |  |  |  |  |  |  |  |  |  |
|  |  |  |  |  |  |  |  |  |  |  |  |
|  |  |  |  |  |  |  |  |  |  |  |  |

계씨가 주공보다 부유하였는데도 구(염유)가 그를 위해 취렴(세금을 많이 거둠)하여 재산을 더 늘려주었다.
공자께서 말씀하셨다.
"구는 우리 무리가 아니니, 소자들아! 북을 울려 죄를 성토함이 옳다."

• 聚 모을 취 斂 거둘 렴 徒 무리 도 鳴 울릴 명 鼓 북 고

**17__**

柴也<sub>는</sub> 愚<sub>하고</sub> 參也<sub>는</sub> 魯<sub>하고</sub>
시 야 우 삼 야 로

師也<sub>는</sub> 辟<sub>하고</sub> 由也<sub>는</sub> 喭<sub>이니라</sub>
사 야 벽 유 야 언

柴也<sub>는</sub> 愚<sub>하고</sub> 參也<sub>는</sub> 魯<sub>하고</sub>

師也<sub>는</sub> 辟<sub>하고</sub> 由也<sub>는</sub> 喭<sub>이니라</sub>

| | | | | | | | | | | | | |
|---|---|---|---|---|---|---|---|---|---|---|---|---|
| | | | | | | | | | | | | |

- "시는 어리석고, 삼(증자)은 노둔하고, 사(자장)는 한쪽(외모)만 잘하고, 유(자로)는 거칠다."

- 柴 나무 시  辟 편벽될 벽

18\_ 子曰 回也는 其庶乎요 屢空이니라
자 왈 회 야 기 서 호 루 공

賜는 不受命이요
사 불 수 명

而貨殖焉이나
이 화 식 언

億(臆)則屢中이니라
억 (억) 즉 루 중

子曰 回也는 其庶乎요 屢空이니라

賜는 不受命이요

而貨殖焉이나

億(臆)則屢中이니라

• 庶 거의 서 屢 여러 루 殖 불릴 식 億 억측할 억 中 맞을 중

**19_** 子張이 問善人之道한대

子曰 不踐迹이나 亦不入於室이니라
자 왈 불 천 적 역 불 입 어 실

子張이 問善人之道한대.

子曰 不踐迹이나 亦不入於室이니라

자장이 선인의 도를 묻자, 공자께서 말씀하셨다.
"성인의 자취를 밟지 않더라도 악한 일을 하지 않으나 또한 방(성인의 경지)까지는 들어가지 못한다."

• 踐 밟을 천 迹 자취 적

**20_** 子曰 論篤을 是與면
자 왈 논 독 시 여

君子者乎아 色莊者乎아
군 자 자 호 색 장 자 호

子曰 論篤을 是與면

君子者乎아 色莊者乎아

공자께서 말씀하셨다.
"언론이 독실한 사람을 허여한다면 언론이 독실한 사람은 군자인 자인가? 얼굴만 장엄한 자인가"

• 論 말할 론 篤 도타울 독 與 허여할 여 莊 엄숙할 장

21_　子路問 聞斯行諸잇가
　　　　자 로 문 문 사 행 저

子曰 有父兄在하니 如之何其聞斯行之리오
자 왈 유 부 형 재 　　　여 지 하 기 문 사 행 지

冉有問 聞斯行諸잇가 子曰 聞斯行之니라
염 유 문 문 사 행 저 　자 왈 문 사 행 지

公西華曰 由也問聞斯行諸어늘
공 서 화 왈 유 야 문 문 사 행 저

子曰 有父兄在라하시고 求也問聞斯行諸어늘
자 왈 유 부 형 재 　　　구 야 문 문 사 행 저

子曰 聞斯行之라하시니 赤也惑하여 敢問하노이다
자 왈 문 사 행 지 　　　적 야 혹 　　감 문

子曰 求也는 退故로 進之하고
자 왈 구 야 　퇴 고 　진 지

由也는 兼人故로 退之로라
유 야 　겸 인 고 　퇴 지

子路問 聞斯行諸잇가

子曰 有父兄在하니 如之何其聞斯行之리오

冉有問 聞斯行諸잇가 子曰 聞斯行之니라

公西華曰 由也問聞斯行諸어늘

子曰 有父兄在라하시고 求也問聞斯行諸어늘

子曰 聞斯行之라하시니 赤也惑하여 敢問하노이다

子曰 求也는 退故로 進之하고

由也는 兼人故로 退之로라

| | | | | | | | | | |
|---|---|---|---|---|---|---|---|---|---|
| | | | | | | | | | |
| | | | | | | | | | |
| | | | | | | | | | |
| | | | | | | | | | |
| | | | | | | | | | |
| | | | | | | | | | |
| | | | | | | | | | |

- 자로가 "옳은 것을 들으면 곧 실행하여야 합니까?" 하고 묻자, 공자께서 "부형이 계시니, 어떻게 들으면 곧 실행할 수 있겠는가." 하고 대답하셨다.
염유가 "옳은 것을 들으면 곧 실행하여야 합니까?" 하고 묻자, 공자께서 "들으면 곧 실행하여야 한다." 하고 대답하셨다.
공서화가 물었다.
"유(자로)가 '들으면 곧 실행하여야 합니까?' 하고 묻자, 선생께서 '부형이 계시다.' 하셨고, 구(염유)가 '들으면 곧 실행하여야 합니까?' 하고 묻자, 선생께서 '들으면 곧 실행하여야 한다.' 고 대답하시니, 저는 의혹이 들어 감히 묻습니다."
공자께서 말씀하셨다.
"구는 물러나므로 나아가게 한 것이요, 유는 보통사람보다 나으므로 물러가게 한 것이다."

- 斯 이 사  惑 의혹할 혹  退 물러날 퇴  進 나아갈 진  兼 겸할 겸

**22_** 子畏於匡하실새 顔淵이 後러니
자 외 어 광　　안 연　후

子曰 吾以女(汝)爲死矣로라
자왈 오이여 (여) 위사의

曰 子在어시니 回何敢死리잇고
왈 자재　　회하감사

子畏於匡하실새 顔淵이 後러니

子曰 吾以女(汝)爲死矣로라

曰 子在어시니 回何敢死리잇고

|  |  |  |  |  |  |  |  |  |  |
|---|---|---|---|---|---|---|---|---|---|
|  |  |  |  |  |  |  |  |  |  |
|  |  |  |  |  |  |  |  |  |  |
|  |  |  |  |  |  |  |  |  |  |

공자께서 광 땅에서 경계하는 마음을 품고 계실 적에 안연이 뒤쳐져 있었는데, 그가 오자, 공자께서 "나는 네가 죽었을 것이라고 생각했다."라고 말씀하시니, 그가 대답하였다. "선생께서 살아 계시니 제가 어찌 과감히 죽겠습니까."

● 匡 바를광 女 너여

**23_** 季子然이 問 仲由冉求는 可謂大臣與잇가
계자연이 문 중유염구　 가위대신여

子曰 吾以子爲異之問이러니 曾由與求之問이로다
자왈 오이자위이지문　　　 증유여구지문

所謂大臣者는 以道事君하다가 不可則止하나니
소위대신자　 이도사군　　　 불가즉지

今由與求也는 可謂具臣矣니라
금유여구야　 가위구신의

曰 然則從之者與잇가
왈 연즉종지자여

子曰 弑父與君은 亦不從也리라
자왈 시부여군　 역부종야

季子然이 問 仲由冉求는 可謂大臣與잇가

子曰 吾以子爲異之問이러니

曾由與求之問이로다

所謂大臣者는 以道事君하다가 不可則止하나니

今由與求也는 可謂具臣矣니라

曰 然則從之者與잇가

子曰 弑父與君은 亦不從也리라

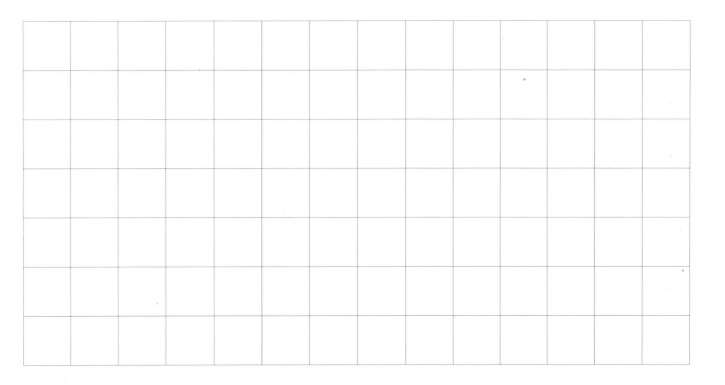

계자연이 물었다. "중유와 염구는 대신이라고 이를 만합니까?"
공자께서 말씀하셨다. "나는 그대가 특이한 질문을 하리라고 생각했었는데, 마침내 유와 구를 묻는구나.
이른바 대신이란 도(道)로써 군주를 섬기다가 불가하면 그만두는 것이다.
지금 유와 구는 숫자만 채우는 신하라고 이를 만하다."
계자연이 물었다. "그렇다면 이들은 따르는 자들입니까?"
공자께서 말씀하셨다. "아버지와 군주를 시해하는 것은 또한 따르지 않을 것이다."

- 異 다를 이 曾 일찍 증, 마침내 증 具 갖출 구 從 좇을 종 弑 죽일 시

**24__**

子路使子羔로 爲費宰한대
<sub>자로사자고　위비재</sub>

子曰 賊夫人之子로다
<sub>자왈 적부인지자</sub>

子路曰 有民人焉하며 有社稷焉하니
<sub>자로왈 유민인언　유사직언</sub>

何必讀書然後에 爲學이리잇고
<sub>하필독서연후　위학</sub>

子曰 是故로 惡夫佞者하노라
<sub>자왈 시고　오부녕자</sub>

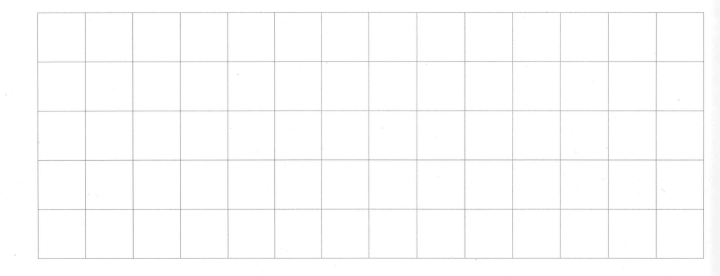

자로가 자고(고시)로 비읍의 읍재를 삼자, 공자께서 말씀하셨다.
"남의 자식을 해치는구나."
자로가 말하였다. "인민이 있고 사직이 있으니, 하필 책을 읽은 뒤에야 배움을 하겠습니까?"
공자께서 말씀하셨다. "이 때문에 말재주 있는 자를 미워하는 것이다."

• 羔 염소고 費 쓸비 賊 해칠 적 稷 곡신(穀神) 직

**25-1_** 子路, 曾晳, 冉有,
자로 증석 염유

公西華侍坐러니
공서화시좌

子曰 以吾一日長乎爾나
자왈 이오일일장호이

毋吾以也하라
무오이야

子路, 曾晳, 冉有,

公西華侍坐러니

子曰 以吾一日長乎爾나

毋吾以也하라

|  |  |  |  |  |  |  |  |  |  |  |  |
|--|--|--|--|--|--|--|--|--|--|--|--|
|  |  |  |  |  |  |  |  |  |  |  |  |
|  |  |  |  |  |  |  |  |  |  |  |  |
|  |  |  |  |  |  |  |  |  |  |  |  |

- 자로·증석·염유·공서화가 공자를 모시고 앉았었는데, 공자께서 말씀하셨다.
  "내 나이가 다소 너희들보다 많다 하나 나 때문에 어려워하지 말라."

- 晳 밝을 석 侍 모실 시 長 어른 장, 나이많을 장

**25-2**  居則曰不吾知也라하나니
거 즉 왈 불 오 지 야

如或知爾면 則何以哉오
여 혹 지 이   칙 하 이 재

子路率爾而對曰 千乘之國이
자 로 솔 이 이 대 왈 천 승 지 국

攝乎大國之間하여 加之以師旅요
섭 호 대 국 지 간   가 지 이 사 려

因之 以饑饉이어든 由也爲之면
인 지 이 기 근   유 야 위 지

比及三年하여 可使有勇이요
비 급 삼 년   가 사 유 용

且知方也케호리이다 夫子哂之하시다
차 지 방 야   부 자 신 지

居則曰不吾知也라하나니

如或知爾면 則何以哉오

子路率爾而對曰 千乘之國이

攝乎大國之間하여 加之以師旅요

因之 以饑饉이어든 由也爲之면

比及三年하여 可使有勇이요

且知方也케호리이다 夫子哂之하시다

|  |  |  |  |  |  |  |  |  |  |  |
|---|---|---|---|---|---|---|---|---|---|---|
|  |  |  |  |  |  |  |  |  |  |  |
|  |  |  |  |  |  |  |  |  |  |  |
|  |  |  |  |  |  |  |  |  |  |  |
|  |  |  |  |  |  |  |  |  |  |  |
|  |  |  |  |  |  |  |  |  |  |  |
|  |  |  |  |  |  |  |  |  |  |  |

"너희들이 평소에 말하기를 '나를 알아주지 않는다.'고 말하는데,
만일 혹시라도 너희들을 알아준다면 어떻게 쓰여지겠느냐?"
자로가 경솔히(성급하게) 대답하였다.
"천승의 제후국이 대국 사이에서 속박을 받아 사려(침공)가 가해지고 이어서 기근까지 들거든 제가 다스리면 3년에 이르러 백성들을 용맹하게 하고 또 의리로 향할 줄을 알게 하겠습니다."
부자께서 이 말을 듣고 빙긋이 웃으셨다.

- 居 평소 거 率 경솔할 솔 攝 낄 섭 師 군대 사 旅 군대 려 饑 흉년들 기 饉 굶주릴 근 比 미칠 비 哂 웃을 신

**25-3_** 求아 爾는 何如오 對曰
구 이 하여 대왈

方六七十과 如五六十에 求也爲之면
방 륙 칠십 여 오 륙 십 구 야 위 지

比及三年하여 可使足民이어니와
비 급 삼 년 가 사 족 민

如其禮樂엔 以俟君子호리이다
여 기 례 악 이 사 군 자

赤아 爾는 何如오 對曰
적 이 하여 대왈

非曰能之라 願學焉하노이다
비 왈 능 지 원 학 언

宗廟之事와 如會同에
종 묘 지 사 여 회 동

端章甫로 願爲小相焉하노이다
단 장 보 원 위 소 상 언

求아 爾는 何如오 對曰

方六七十과 如五六十에 求也爲之면

比及三年하여 可使足民이어니와

如其禮樂엔 以俟君子호리이다

赤아 爾는 何如오 對曰

非曰能之라 願學焉하노이다

宗廟之事와 如會同에

端章甫로 願爲小相焉하노이다

공자께서 "구야, 너는 어떻게 하겠느냐?" 하시자, 구(염유)가 대답하였다.

"방(넓이) 6, 70리, 혹은 5, 60리 쯤 되는 작은 나라를 제가 다스리면 3년에 이르러 백성들을 풍족하게 할 수 있으나 그 예악에 있어서는 군자를 기다리겠습니다."

"적아, 너는 어떻게 하겠느냐?" 하시자, 적(공서화)이 대답하였다.

"제가 능하다는 것이 아니라 배우기를 원합니다. 종묘의 일 또는 제후들이 회동할 적에 현단복을 입고 장보관을 쓰고서 작은 상(집례)이 되기를 원합니다."

- 端 바를 단 甫 클 보

25-4_ 點아 爾는 何如오 鼓瑟希(稀)러니
점 이 하여 고 슬 희 (희)

鏗爾舍瑟而作하여
갱 이 사 슬 이 작

對曰 異乎三子者之撰호이다
대 왈 이 호 삼 자 자 지 선

子曰 何傷乎리오 亦各言其志也니라
자 왈 하 상 호 역 각 언 기 지 야

曰 莫(暮)春者에 春服이 旣成이어든
왈 모 (모) 춘 자 춘 복 기 성

冠者五六人과 童子六七人으로 浴乎沂하여
관 자 오 륙 인 동 자 륙 칠 인 욕 호 기

風乎舞雩하여 詠而歸호리이다
풍 호 무 우 영 이 귀

夫子喟然嘆曰 吾與點也하노라
부 자 위 연 탄 왈 오 여 점 야

點아 爾는 何如오 鼓瑟希(稀)러니

鏗爾舍瑟而作하여

對曰 異乎三子者之撰호이다

子曰 何傷乎리오 亦各言其志也니라

曰 莫(暮)春者에 春服이 旣成이어든

冠者五六人과 童子六七人으로 浴乎沂하여

風乎舞雩하여 詠而歸호리이다

夫子喟然嘆曰 吾與點也하노라

|  |  |  |  |  |  |  |  |  |  |  |  |
|--|--|--|--|--|--|--|--|--|--|--|--|
|  |  |  |  |  |  |  |  |  |  |  |  |
|  |  |  |  |  |  |  |  |  |  |  |  |  |
|  |  |  |  |  |  |  |  |  |  |  |  |  |
|  |  |  |  |  |  |  |  |  |  |  |  |  |
|  |  |  |  |  |  |  |  |  |  |  |  |  |
|  |  |  |  |  |  |  |  |  |  |  |  |  |
|  |  |  |  |  |  |  |  |  |  |  |  |  |

- "점아, 너는 어떻게 하겠느냐?" 하시자, 그는 비파 타기를 드문드문 하더니, 땅하고 비파를 놓고 일어나 대답하였다.

  "세 사람이 갖고 있는 것과는 다릅니다."

  공자께서 말씀하시기를 "무엇이 나쁘겠는가. 또한 각기 자신의 뜻(포부)을 말하는 것이다." 하시자,

  점(증석)이 대답하였다.

  "늦봄에 봄옷이 이미 이루어지면 관을 쓴 어른 5, 6명과 동자 6,7명과 함께 기수에서 목욕하고 무우에서 바람 쐬고서 노래

  하며 돌아오겠습니다.

  "부자께서 '아!' 하고 감탄하시며 "나는 점을 허여한다." 하셨다.

- 瑟 비파 슬 鏗 쇠소리 갱 舍 놓을 사 撰 가질 선 莫 저물 모 浴 목욕할 욕 沂 물이름 기 風 바람쐴 풍 雩 기우제 우 詠 읊을 영
  喟 한숨쉴 위

**25-5_** 三子者出커늘 曾晳이 後러니
삼 자 자 출　　증 석　　후

曾晳曰 夫三子者之言이 何如하니잇고
증 석 왈　부 삼 자 자 지 언　　하 여

子曰 亦各言其志也已矣니라
자 왈　역 각 언 기 지 야 이 의

曰 夫子何哂由也시니잇고
왈　부 자 하 신 유 야

曰 爲國以禮어늘 其言이 不讓이라 是故로 哂之로라
왈　위 국 이 례　　기 언　　불 양　　시 고　　신 지

三子者出커늘 曾晳이 後러니

曾晳曰 夫三子者之言이 何如하니잇고

子曰 亦各言其志也已矣니라

曰 夫子何哂由也시니잇고

曰 爲國以禮어늘 其言이 不讓이라 是故로 哂之로라

세 사람이 나가자 증석이 뒤에 남았었는데, 증석이 말하였다. "저 세 사람의 말이 어떻습니까?"
공자께서 대답하셨다.
"또한 각각 자기 뜻을 말했을 뿐이다." 증석이 "부자께서 어찌하여 유를 빙긋이 웃으셨습니까?" 하고 물었다.
"나라를 다스림은 예로써 해야 하는데, 그의 말이 겸손하지 않았다. 그러므로 웃은 것이다."

**25-6_** 唯求則非邦也與잇가 安見方六七十과
유구칙비방야여 안견방륙칠십

如五六十而非邦也者리오
여오륙십이비방야자

唯赤則非邦也與잇가
유적즉비방야여

宗廟會同이 非諸侯而何오
종묘회동 비제후이하

赤也爲之小면 孰能 爲之大리오
적야위지소 숙능 위지대

唯求則非邦也與잇가 安見方六七十과

如五六十而非邦也者리오

唯赤則非邦也與잇가

宗廟會同이 非諸侯而何오

赤也爲之小면 孰能 爲之大리오

증석이 "구가 말한 것은 나라를 다스리는 일이 아닙니까?" 하고 묻자, 공자께서 대답하셨다.
"방 6, 70리, 혹은 5, 60리이면서 나라가 아닌 것을 어디에서 보았느냐?"
증석이 "적이 말한 것은 나라를 다스리는 일이 아닙니까?" 하고 묻자, 공자께서 대답하셨다.
"종묘의 일과 회동하는 일이 제후의 일이 아니고 무엇이겠느냐? 적이 소가 된다면 누가 대가 되겠느냐."

先進 第十一

# 顔淵 第十二

1_ 顔淵이 問仁한대 子曰 克己復禮 爲仁이니
안 연 문 인 자 왈 극 기 복 례 위 인

一日克己復禮면 天下歸仁焉하리니
일 일 극 기 복 례 천 하 귀 인 언

爲仁由己니 而由人乎哉아
위 인 유 기 이 유 인 호 재

顔淵曰 請問其目하노이다
안 연 왈 청 문 기 목

子曰 非禮勿視하며 非禮勿聽하며
자 왈 비 례 물 시 비 례 물 청

非禮勿言하며 非禮勿動이니라
비 례 물 언 비 례 물 동

顔淵曰 回雖不敏이나 請事斯語矣로리이다
안 연 왈 회 수 불 민 청 사 사 어 의

顔淵이 問仁한대 子曰 克己復禮 爲仁이니

一日克己復禮면 天下歸仁焉하리니

爲仁由己니 而由人乎哉아

顔淵曰 請問其目하노이다

子曰 非禮勿視하며 非禮勿聽하며

非禮勿言하며 非禮勿動이니라

顔淵曰 回雖不敏이나 請事斯語矣로리이다

|  |  |  |  |  |  |  |  |  |  |  |  |
|---|---|---|---|---|---|---|---|---|---|---|---|
|  |  |  |  |  |  |  |  |  |  |  |  |
|  |  |  |  |  |  |  |  |  |  |  |  |  |
|  |  |  |  |  |  |  |  |  |  |  |  |  |
|  |  |  |  |  |  |  |  |  |  |  |  |  |
|  |  |  |  |  |  |  |  |  |  |  |  |  |
|  |  |  |  |  |  |  |  |  |  |  |  |  |
|  |  |  |  |  |  |  |  |  |  |  |  |  |

안연이 인(仁)을 묻자, 공자께서 말씀하셨다.

"자기의 사욕을 이겨 예(禮)에 돌아감이 인을 하는 것이니, 하루라도 사욕을 이겨 예에 돌아가면 천하가 인을 허여한다. 인을 하는 것은 자신에게 달려 있으니, 남에게 달려 있겠는가."

안연이 "그 조목을 묻습니다." 하자, 공자께서 말씀하셨다.

"예가 아니면 보지 말며, 예가 아니면 듣지 말며, 예가 아니면 말하지 말며, 예가 아니면 동하지 말아야 한다."

안연이 말하였다. "제(회)가 비록 불민하나 청컨대 이 말씀에 종사하겠습니다."

- 克 이길 극 己 몸 기 復 돌아올 복 歸 허여할 귀 目 조목 목 視 볼 시 聽 들을 청 敏 민첩할 민 事 일삼을 사

2_ 仲弓이 問仁한대 子曰 出門如見大賓하며
중궁 문인 자왈 출문여견대빈

使民如承大祭하고 己所不欲을 勿施於人이니
사민여승대제 기소불욕 물시어인

在邦無怨하며 在家無怨이니라
재방무원 재가무원

仲弓曰 雍雖不敏이나 請事斯語矣로리이다
중궁왈 옹수불민 청사사어의

仲弓이 問仁한대 子曰 出門如見大賓하며

使民如承大祭하고 己所不欲을 勿施於人이니

在邦無怨하며 在家無怨이니라

仲弓曰 雍雖不敏이나 請事斯語矣로리이다

|  |  |  |  |  |  |  |  |  |  |
|---|---|---|---|---|---|---|---|---|---|
|  |  |  |  |  |  |  |  |  |  |
|  |  |  |  |  |  |  |  |  |  |
|  |  |  |  |  |  |  |  |  |  |

중궁(염옹)이 인(仁)을 묻자, 공자께서 말씀하셨다.
"문을 나갔을 때에는 큰 손님을 뵈온 듯이 하고, 백성을 부릴 때에는 큰 제사를 받들 듯이 하며, 자신이 하고자 하지 않는 것을 남에게 베풀지 말아야 하니, 이렇게 하면 나라에 있어도 원망함이 없으며 집안에 있어도 원망함이 없을 것이다."
중궁이 말하였다. "제(옹)가 비록 불민하나 청컨대 이 말씀에 종사하겠습니다."

• 賓 손빈 承 받들승 邦 나라방 雍 화락할옹

3_ 司馬牛問仁한대
사 마 우 문 인

子曰 仁者는 其言也訒이니라
자 왈 인 자 기 언 야 인

曰 其言也訒이면 斯謂之仁矣乎잇가
왈 기 언 야 인 사 위 지 인 의 호

子曰 爲之難하니 言之得無訒乎아
자 왈 위 지 난 언 지 득 무 인 호

司馬牛問仁한대

子曰 仁者는 其言也訒이니라

曰 其言也訒이면 斯謂之仁矣乎잇가

子曰 爲之難하니 言之得無訒乎아

|  |  |  |  |  |  |  |  |  |  |  |  |
|---|---|---|---|---|---|---|---|---|---|---|---|
|  |  |  |  |  |  |  |  |  |  |  |  |
|  |  |  |  |  |  |  |  |  |  |  |  |
|  |  |  |  |  |  |  |  |  |  |  |  |
|  |  |  |  |  |  |  |  |  |  |  |  |

• 사마우가 인(仁)을 묻자, 공자께서 말씀하셨다.
"인자는 그 말을 참아서 한다."
사마우가 "그 말을 참아서 하면 이를 인이라 이를 수 있습니까?" 하고 묻자, 공자께서 말씀하셨다.
"이것을 행하기가 어려우니, 말을 참아서 하지 않을 수 있겠는가."

• 訒 참을 인

**4_**

司馬牛問君子한대 子曰 君子는 不憂不懼니라
사 마 우 문 군 자　　자 왈 군 자　　불 우 불 구

曰 不憂不懼면 斯謂之君子矣乎잇가
왈 불 우 불 구　　사 위 지 군 자 의 호

子曰 內省不疚어니 夫何憂何懼리오
자 왈 내 성 불 구　　부 하 우 하 구

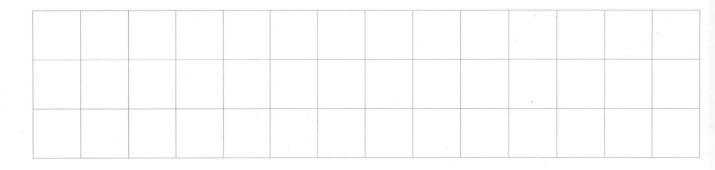

| | | | | | | | | | |
|---|---|---|---|---|---|---|---|---|---|
| | | | | | | | | | |
| | | | | | | | | | |
| | | | | | | | | | |

사마우가 군자를 묻자, 공자께서 말씀하셨다. "군자는 근심하지 않고 두려워하지 않는다."
사마우가 "근심하지 않고 두려워하지 않으면 이를 군자라 이를 수 있습니까?" 하고 묻자, 공자께서 말씀하셨다.
"안으로 살펴보아 부족하지 않으니, 어찌 근심하고 어찌 두려워하겠는가."

- 憂 근심할 우 懼 두려워할 구

**5_**

司馬牛憂曰 人皆有兄弟어늘 我獨亡로다
사 마 우 우 왈 인 개 유 형 제　　아 독 무

子夏曰 商은 聞之矣로니
자 하 왈 상　　문 지 의

死生有命이요 富貴在天이라호라
사 생 유 명　　부 귀 재 천

君子敬而無失하며 與人恭而有禮면
군 자 경 이 무 실　　여 인 공 이 유 례

四海之內 皆兄弟也니
사 해 지 내 개 형 제 야

君子何患 乎無兄弟也리오
군 자 하 환 호 무 형 제 야

司馬牛憂曰 人皆有兄弟어늘 我獨亡로다

子夏曰 商은 聞之矣로니

死生有命이요 富貴在天이라호라

君子敬而無失하며 與人恭而有禮면

四海之內 皆兄弟也니

君子何患 乎無兄弟也리오

사마우가 걱정하면서 말하였다. "남들은 모두 형제가 있는데 나만 홀로 없구나."
자하가 말하였다.
"나(상)는 들으니, 사생은 명이 있고, 부귀는 하늘에 달려 있다 하였다.
군자가 공경하고 잃음(간단함)이 없으며 남과 더붊에 공손하고 예(禮)가 있으면 사해의 안이 다 형제이니,
군자가 어찌 형제가 없음을 걱정하겠는가."

• 商 헤아릴 상

**6_** 子張이 問明한대
자장 문명

子曰 浸潤之譖과 膚受之愬가
자왈 침윤지참 부수지소

不行焉이면 可謂明也已矣니라
불행언 가위명야이의

浸潤之譖과 膚受之愬가
침윤지참 부수지소

不行焉이면 可謂遠也已矣니라
불행언 가위원야이의

子張이 問明한대

子曰 浸潤之譖과 膚受之愬가

不行焉이면 可謂明也已矣니라

浸潤之譖과 膚受之愬가

不行焉이면 可謂遠也已矣니라

|  |  |  |  |  |  |  |  |  |  |
|---|---|---|---|---|---|---|---|---|---|
|  |  |  |  |  |  |  |  |  |  |
|  |  |  |  |  |  |  |  |  |  |
|  |  |  |  |  |  |  |  |  |  |
|  |  |  |  |  |  |  |  |  |  |

자장이 밝음을 묻자, 공자께서 말씀하셨다.

"서서히 젖어드는 참소와 피부로 받는 하소연이 행해지지 않으면 밝다고 이를 만하다. 서서히 젖어드는 참소와 피부로 받는 하소연이 행해지지 않으면 멀다고 (가까움에 가려지지 않았다고) 이를 만하다."

- 浸 젖을 침 潤 젖을 윤 譖 참소할 참 膚 살갗 부

7-1_ 子貢이 問政한대 子曰
　　　자공　문정　　자왈

足食, 足兵이면 民이 信之矣리라
족식 족병　　민　신지의

子貢曰 必不得已而去인댄
자공왈 필부득이이거

於斯三者에 何先이리잇고 曰 去兵이니라
어사삼자　하선　　　왈 거병

子貢이 問政한대 子曰

足食, 足兵이면 民이 信之矣리라

子貢曰 必不得已而去인댄

於斯三者에 何先이리잇고 曰 去兵이니라

<br/>

| | | | | | | | | | | | |
|---|---|---|---|---|---|---|---|---|---|---|---|
| | | | | | | | | | | | |
| | | | | | | | | | | | |
| | | | | | | | | | | | |
| | | | | | | | | | | | |

자공이 정사를 묻자, 공자께서 말씀하셨다.
"양식을 풍족하게 하고 군대와 병기를 풍족하게 하면 백성들이 신의를 지킬 것이다."
자공이 묻기를, "반드시 부득이해서 버린다면 이 세 가지 중에 무엇을 먼저 해야 합니까?" 하니, 공자께서 말씀하셨다.
"병을 버려야 한다."

7-2_ 子貢曰 必不得已而去인댄
자공왈 필부득이이거

於斯二者에 何先이리잇고 曰 去食이니
어사이자 하선 왈거식

自古로 皆有死어니와 民無信不立이니라
자고 개유사 민무신불립

子貢曰 必不得已而去인댄

於斯二者에 何先이리잇고 曰 去食이니

自古로 皆有死어니와 民無信不立이니라

子貢曰 必不得已而去인댄

於斯二者에 何先이리잇고 曰 去食이니

自古로 皆有死어니와 民無信不立이니라

자공이 묻기를 "반드시 부득이해서 버린다면 이 두 가지 중에 무엇을 먼저 해야 합니까" 하니, 공자께서 말씀하셨다.
"양식을 버려야 하니, 예로부터 사람은 누구나 다 죽음이 있지만 사람은 신의가 없으면 설 수 없다."

• 足 충족할족 去 버릴

118

**8_** 棘子成曰 君子는 質而已矣니 何以文爲리오
극 자 성 왈 군 자 질 이 이 의 하 이 문 위

子貢曰 惜乎라 夫子之說이
자 공 왈 석 호 부 자 지 설

君子也나 駟不及舌이로다
군 자 야 사 불 급 설

文猶質也며 質猶文也니
문 유 질 야 질 유 문 야

虎豹之鞹이 猶犬羊之鞹이니라
호 표 지 곽 유 견 양 지 곽

棘子成曰 君子는 質而已矣니 何以文爲리오

子貢曰 惜乎라 夫子之說이

君子也나 駟不及舌이로다

文猶質也며 質猶文也니

虎豹之鞹이 猶犬羊之鞹이니라

|  |  |  |  |  |  |  |  |  |  |
|--|--|--|--|--|--|--|--|--|--|
|  |  |  |  |  |  |  |  |  |  |
|  |  |  |  |  |  |  |  |  |  |
|  |  |  |  |  |  |  |  |  |  |
|  |  |  |  |  |  |  |  |  |  |

- 극자성이 말하였다. "군자는 질(質)일 뿐이니, 문(文)을 어디에 쓰겠는가."
자공이 말하였다. "애석하다! 부자(극자성)의 말씀이 군자다우나 사마도 혀에서 나오는 말을 따라잡지 못한다.
문이 질과 같으며 질이 문과 같으니, 호표의 털 없는 가죽이 견양의 털 없는 가죽과 같은 것이다."

- 棘 가시나무 극 惜 아낄 석 駟 사마 사 舌 혀 설 猶 같을 유 豹 표범 표 鞹 털없는가죽 곽

9_ 哀公이 問於有若日
애 공 문 어 유 약 왈

年饑用不足하니 如之何오
연 기 용 부 족 여 지 하

有若이 對日 盍徹乎시니잇고
유 약 대 왈 합 철 호

日二도 吾猶不足이어니 如之何其徹也리오
왈 이 오 유 부 족 여 지 하 기 철 야

對日 百姓이 足이면 君孰與不足이며
대 왈 백 성 족 군 숙 여 부 족

百姓이 不足이면 君孰與足이리잇고
백 성 부 족 군 숙 여 족

哀公이 問於有若日

年饑用不足하니 如之何오

有若이 對日 盍徹乎시니잇고

日二도 吾猶不足이어니 如之何其徹也리오

對日 百姓이 足이면 君孰與不足이며

百姓이 不足이면 君孰與足이리잇고

애공이 유약에게 물었다. "연사(농사)가 흉년이 들어서 재용이 부족하니, 어찌해야 하는가?"

유약이 대답하였다. "어찌하여 철법을 쓰지 않습니까?"

애공이 말하였다. "10분의 2도 내 오히려 부족하니, 어떻게 철법을 쓰겠는가."

유약이 대답하였다. "백성이 풍족하면 군주가 누구와 더불어 부족하시며, 백성이 풍족하지 못하다면 군주가 누구와 더불어 풍족하시겠습니까?"

- 饑 굶주릴 기  徹 통할 철

## 10-1_ 子張이 問崇德辨惑한대
자 장  문 숭 덕 변 혹

## 子曰 主忠信하며 徙義 崇德也니라
자 왈  주 충 신     사 의  숭 덕 야

子張이 問崇德辨惑한대

子曰 主忠信하며 徙義 崇德也니라

|  |  |  |  |  |  |  |  |  |  |  |
|---|---|---|---|---|---|---|---|---|---|---|
|  |  |  |  |  |  |  |  |  |  |  |

자장이 덕(德)을 높이고 미혹을 분별함을 묻자, 공자께서 말씀하셨다.

"충신을 주장하며 의(義)에 옮김이 덕을 높이는 것이다."

- 崇 높일 숭

**10-2_** 愛之란 欲其生하고
애 지 욕 기 생

惡之란 欲其死하나니 既欲其生이요
오 지 욕 기 사 기 욕 기 생

又欲其死 是惑也니라
우 욕 기 사 시 혹 야

誠不以富요 亦祇以異니라
성 불 이 부 역 지 이 이

愛之란 欲其生하고

惡之란 欲其死하나니 既欲其生이요

又欲其死 是惑也니라

誠不以富요 亦祇以異니라

| | | | | | | | | | | |
|---|---|---|---|---|---|---|---|---|---|---|
| | | | | | | | | | | |
| | | | | | | | | | | |
| | | | | | | | | | | |

"사랑할 때에는 살기를 바라고 미워할 때에는 죽기를 바라나니, 이미 살기를 바라고 또 죽기를 바라는 것이 이것이 미혹이다. 진실로 부유하지도 못하고 또한 다만 이상함만 취할 뿐이다."

• 惡 미워할 오 誠 진실로 성 祇 다만 지 異 다를 이

**11_**

齊景公이 問政於孔子한대
제 경 공　　문 정 어 공 자

孔子對曰 君君, 臣臣, 父父, 子子니이다
공 자 대 왈　군 군　　신 신　　부 부　　자 자

公曰 善哉라 信如君不君, 臣不臣,
공 왈　선 재　　신 여 군 불 군　　신 불 신

父不父, 子不子면
부 불 부　　자 부 자

雖有粟이나 吾得而食諸아
수 유 속　　오 득 이 식 제

齊景公이 問政於孔子한대

孔子對曰 君君, 臣臣, 父父, 子子니이다

公曰 善哉라 信如君不君, 臣不臣,

父不父, 子不子면

雖有粟이나 吾得而食諸아

|  |  |  |  |  |  |  |  |  |  |
|--|--|--|--|--|--|--|--|--|--|
|  |  |  |  |  |  |  |  |  |  |
|  |  |  |  |  |  |  |  |  |  |
|  |  |  |  |  |  |  |  |  |  |
|  |  |  |  |  |  |  |  |  |  |

제경공이 공자에게 정사를 묻자, 공자께서 대답하셨다.
"군주는 군주 노릇하고 신하는 신하 노릇하며, 아버지는 아버지 노릇하고 자식은 자식 노릇하는 것입니다."
공이 말하였다. "좋은 말씀입니다. 진실로 만일 군주가 군주 노릇을 못하고 신하가 신하노릇을 못하며,
아버지가 아버지 노릇을 못하고 자식이 자식 노릇을 못한다면, 비록 곡식이 있은들 내가 그것을 먹을 수 있겠습니까."

**12_** 子曰 片言에 可以折獄者는
자 왈 편 언 가 이 절 옥 자

其由也與인저
기 유 야 여

子路는 無宿諾이러라
자 로 무 숙 낙

子曰 片言에 可以折獄者는

其由也與인저

子路는 無宿諾이러라

| | | | | | | | | | | | | | |
|---|---|---|---|---|---|---|---|---|---|---|---|---|---|
| | | | | | | | | | | | | | |
| | | | | | | | | | | | | | |
| | | | | | | | | | | | | | |

공자께서 말씀하셨다.
"반 마디 말에 옥사를 결단할 수 있는 자는 유일 것이다."
자로는 승낙한 것을 묵힘이 없었다.

• 片 조각 편 折 결단할 절 獄 송사 옥 宿 묵힐 숙 諾 승낙할 락

**13_** 子曰 聽訟이 吾猶人也나
자왈 청송 오유인야

必也使無訟乎인저
필야사무송호

子曰 聽訟이 吾猶人也나

必也使無訟乎인저

공자께서 말씀하셨다.
"송사를 다스림은 내 남과 같이 하겠으나 반드시 사람들로 하여금 송사함이 없게 하겠다."

● 聽 다스릴 청 訟 송사할 송

**14_** 子張이 問政한대
자장 문정

子曰 居之無倦이요 行之以忠이니라
자왈 거지무권 행지이충

子張이 問政한대

子曰 居之無倦이요 行之以忠이니라

자장이 정사를 묻자, 공자께서 대답하셨다.
"마음에 두기를 게으름이 없음으로써 하고 행하기를 충(忠)으로써 해야 한다."

● 倦 게으를 권

**15_** 子曰 博學於文이요
자 왈 박 학 어 문

約之以禮면 亦可以弗畔矣夫인저
약 지 이 례 역 가 이 불 반 의 부

子曰 博學於文이요

約之以禮면 亦可以弗畔矣夫인저

|  |  |  |  |  |  |  |  |  |  |  |  |  |
|---|---|---|---|---|---|---|---|---|---|---|---|---|
|  |  |  |  |  |  |  |  |  |  |  |  |  |
|  |  |  |  |  |  |  |  |  |  |  |  |  |  |

----------•  공자께서 말씀하셨다.
"문(文)에 널리 배우고 예(禮)로써 요약하면 도(道)에 위배되지 않을 것이다."

• 博 넓을 박 約 요약할 약 畔 배반할 반

16_ 子曰 君子는 成人之美하고
자왈군자 성인지미

不成人之惡하나니 小人은 反是니라
불 성 인 지 악　　소 인　　반 시

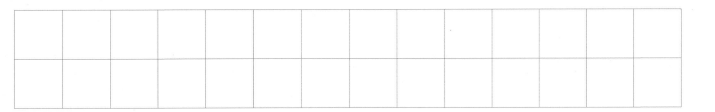

공자께서 말씀하셨다.
"군자는 남의 아름다움을 이루어주고 남의 악함을 이루어주지 않으니, 소인은 이와 반대이다."

**17_** 季康子問政於孔子한대
계 강 자 문 정 어 공 자

孔子對曰 政者는 正也니
공 자 대 왈 정 자 정 야

子帥以正이면 孰敢不正이리오
자 솔 이 정 숙 감 부 정

季康子問政於孔子한대

孔子對曰 政者는 正也니

子帥以正이면 孰敢不正이리오

| | | | | | | | | | | | |
|---|---|---|---|---|---|---|---|---|---|---|---|
| | | | | | | | | | | | |
| | | | | | | | | | | | |
| | | | | | | | | | | | |

- 계강자가 공자에게 정사를 묻자, 공자께서 대답하셨다.
  "정사는 바로잡는다는 뜻이니, 그대가 바름으로써 솔선한다면 누가 감히 바르지 않겠는가."

- 帥 거느릴 솔

128

**18_** 季康子患盜하여
계 강 자 환 도

問於孔子한대
문 어 공 자

孔子對曰 苟子之不欲이면
공 자 대 왈 구 자 지 불 욕

雖賞之라도 不竊하리라
수 상 지 부 절

季康子患盜하여

問於孔子한대

孔子對曰 苟子之不欲이면

雖賞之라도 不竊하리라

|  |  |  |  |  |  |  |  |  |  |  |  |  |
|--|--|--|--|--|--|--|--|--|--|--|--|--|
|  |  |  |  |  |  |  |  |  |  |  |  |  |
|  |  |  |  |  |  |  |  |  |  |  |  |  |
|  |  |  |  |  |  |  |  |  |  |  |  |  |

計강자가 도둑을 걱정하여 공자에게 대책을 묻자, 공자께서 대답하셨다.
"진실로 그대가 탐욕을 부리지 않는다면 비록 도둑질하는 자에게 상을 주면서 도둑질하게 하더라도 도둑질하지 않을 것이다."

• 盜 훔칠 도 賞 상줄 상 竊 훔칠 절

19_ 季康子問政於孔子曰 如殺無道하여
계 강 자 문 정 어 공 자 왈　여 살 무 도

以就有道인댄 何如하니잇고
이 취 유 도　　　하 여

孔子對曰 子爲政에 焉用殺이리오
공 자 대 왈 자 위 정　언 용 살

子欲善이면 而民이 善矣리니
자 욕 선　　이 민　선 의

君子之德은 風이요 小人之德은 草라
군 자 지 덕　풍　　소 인 지 덕　초

草上(尙)之風이면 必偃하나니라
초 상 (상) 지 풍　　필 언

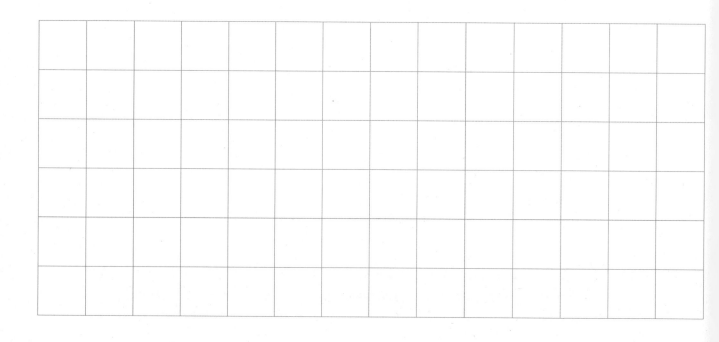

季康子問政於孔子曰 如殺無道하여

以就有道인댄 何如하니잇고

孔子對曰 子爲政에 焉用殺이리오

子欲善이면 而民이 善矣리니

君子之德은 風이요 小人之德은 草라

草上(尙)之風이면 必偃하나니라

• 계강자가 공자께 정사를 묻기를 "만일 무도한 자를 죽여서 도(道)가 있는 데로 나아가게 하면 어떻습니까?" 하자,
  공자께서 대답하셨다. "그대가 정사를 함에 어찌 죽임을 쓴단 말인가. 그대가 선(善)하고자 하면 백성들이 선해질 것이니,
  군자의 덕(德)은 바람이요. 소인의 덕은 풀이다. 풀에 바람이 가해지면 풀은 반드시 쓰러진다."

• 焉 어찌언 上 더할상 偃 누울언

20-1_ 子張이 問 士何如라야 斯可謂之達矣니잇고
       자 장 문 사 하 여   사 가 위 지 달 의

子曰 何哉오 爾所謂達者여
자 왈 하 재   이 소 위 달 자

子張이 對曰 在邦必聞하며 在家必聞이니이다
자 장 대 왈 재 방 필 문   재 가 필 문

子張이 問 士何如라야 斯可謂之達矣니잇고

子曰 何哉오 爾所謂達者여

子張이 對曰 在邦必聞하며 在家必聞이니이다

• 자장이 물었다. "선비가 어떠하여야 이를 달(達)이라고 이를 수 있습니까?"
  공자께서 말씀하셨다. "무엇인가? 네가 말하는 달이란 것이."
  자장이 대답하였다. "나라에 있어도 반드시 소문이 나며 집안에 있어도 반드시 소문이 나는 것입니다."

• 達 통달할 달 爾 너이

**20-2_** 子曰 是는 聞也라 非達也니라
자 왈 시 문 야 비 달 야

夫達也者는 質直而好義하여 察言而觀色하여
부 달 야 자 질 직 이 호 의 찰 언 이 관 색

慮以下人하나니 在邦必達하며 在家必達이니라
려 이 하 인 재 방 필 달 재 가 필 달

夫聞也者는 色取仁而行違요 居之不疑하나니
부 문 야 자 색 취 인 이 행 위 거 지 불 의

在邦必聞하며 在家必聞이니라
재 방 필 문 재 가 필 문

子曰 是는 聞也라 非達也니라

夫達也者는 質直而好義하여 察言而觀色하여

慮以下人하나니 在邦必達하며 在家必達이니라

夫聞也者는 色取仁而行違요 居之不疑하나니

在邦必聞하며 在家必聞이니라

|  |  |  |  |  |  |  |  |  |  |  |
|--|--|--|--|--|--|--|--|--|--|--|
|  |  |  |  |  |  |  |  |  |  |  |
|  |  |  |  |  |  |  |  |  |  |  |
|  |  |  |  |  |  |  |  |  |  |  |
|  |  |  |  |  |  |  |  |  |  |  |

공자께서 말씀하셨다.

"이것은 문(聞)이지 달이 아니다. 달이란 질박하고 정직하고 의(義)를 좋아하며, 남의 말을 살피고 얼굴빛을 관찰하여, 생각해서 몸을 낮추는 것이니, 나라에 있어도 반드시 달하며 집안에 있어도 반드시 달한다.

문이란 얼굴빛은 인(仁)을 취하나 행실은 위배되며 여기에 머물면서 의심하지 않는 것이니, 나라에 있어도 반드시 소문이 나며 집안에 있어도 반드시 소문이 난다."

• 慮 생각할 려 違 떠날 위

**21-1_** 樊遲從遊於舞雩之下러니
번 지 종 유 어 무 우 지 하

曰 敢問崇德修慝辨惑하노이다
왈 감 문 숭 덕 수 특 변 혹

樊遲從遊於舞雩之下러니

曰 敢問崇德修慝辨惑하노이다

|  |  |  |  |  |  |  |  |  |  |  |  |  |
|---|---|---|---|---|---|---|---|---|---|---|---|---|
|  |  |  |  |  |  |  |  |  |  |  |  |  |
|  |  |  |  |  |  |  |  |  |  |  |  |  |  |

- 번지가 공자를 따라 무우의 아래에서 놀았는데,
  "감히 덕(德)을 높이고 특(간악함)을 다스리고 미혹을 분별함을 여쭙겠습니다." 하였다.

- 樊 울타리 번 遲 더딜 지 雩 기우제지낼 우 慝 악할 특

## 21-2_ 子曰 善哉라 問이여
자 왈 선 재 문

### 先事後得이 非崇德與아 攻其惡이요
선 사 후 득 　 비 숭 덕 여 　 공 기 악

### 無攻人之惡이 非修慝與아 一朝之忿으로
무 공 인 지 악 　 비 수 특 여 　 일 조 지 분

### 忘其身하여 以及其親이 非惑與아
망 기 신 　 이 급 기 친 　 비 혹 여

子曰 善哉라 問이여

先事後得이 非崇德與아 攻其惡이요

無攻人之惡이 非修慝與아 一朝之忿으로

忘其身하여 以及其親이 非惑與아

| | | | | | | | | | | | |
|---|---|---|---|---|---|---|---|---|---|---|---|
| | | | | | | | | | | | |
| | | | | | | | | | | | |
| | | | | | | | | | | | |

공자께서 말씀하셨다.
"좋구나! 네 질문이. 일을 먼저하고 소득을 뒤에 함이 덕을 높이는 것이 아니겠는가. 자신의 악을 다스리고 남의 악을 다스리지 않음이 간악함을 다스리는 것이 아니겠는가. 하루아침의 분노로 자신을 잊어서 화가 그 부모에게까지 미치게 함이 미혹됨이 아니겠는가."

• 忿 성낼분

134

**22-1_** 樊遲問仁한대 子曰 愛人이니라
번지문인　　자왈애인

問知(智)한대 子曰 知人이니라
문지 (지)　　자왈지인

樊遲未達이어늘
번지미달

子曰 擧直錯諸枉이면
자왈 거직조제왕

能使枉者直이니라
능사왕자직

樊遲問仁한대 子曰 愛人이니라

問知(智)한대 子曰 知人이니라

樊遲未達이어늘

子曰 擧直錯諸枉이면

能使枉者直이니라

|  |  |  |  |  |  |  |  |  |  |  |  |
|---|---|---|---|---|---|---|---|---|---|---|---|
|  |  |  |  |  |  |  |  |  |  |  |  |
|  |  |  |  |  |  |  |  |  |  |  |  |
|  |  |  |  |  |  |  |  |  |  |  |  |
|  |  |  |  |  |  |  |  |  |  |  |  |

- - - - - - - ●　번지가 인(仁)을 묻자, 공자께서 "사람을 사랑하는 것이다." 하셨다.
　　　　　　지(智)를 묻자, 공자께서 "사람을 아는 것이다." 하셨다.
　　　　　　번지가 그 내용을 통달하지 못하자, 공자께서 말씀하셨다.
　　　　　　"정직한 사람을 들어 쓰고 모든 부정한 사람을 버리면 부정한 자로 하여금 곧게 할 수 있다."

● 擧 들 거　錯 버려둘 조　諸 모두 제　枉 굽을 왕

## 22-2_ 樊遲退하여 見子夏曰

鄕(曏)也에 吾見於夫子而問知호니

子曰 擧直錯諸枉이면

能使枉者直이라하시니 何謂也오

樊遲退하여 見子夏曰

鄕(曏)也에 吾見於夫子而問知호니

子曰 擧直錯諸枉이면

能使枉者直이라하시니 何謂也오

|  |  |  |  |  |  |  |  |  |  |  |
|---|---|---|---|---|---|---|---|---|---|---|
|  |  |  |  |  |  |  |  |  |  |  |
|  |  |  |  |  |  |  |  |  |  |  |
|  |  |  |  |  |  |  |  |  |  |  |
|  |  |  |  |  |  |  |  |  |  |  |

번지가 물러가서 자하를 보고 물었다.

"지난번에 부자를 뵙고 지를 물었더니, 부자께서 '정직한 사람을 들어 쓰고 모든 부정한 사람을 버리면 부정한 자로 하여금 곧게 할 수 있다.' 하셨으니, 무슨 말씀인가"

136

**22-3_** 子夏曰 富哉라 言乎여
자하왈 부재 언호

舜有天下에 選於衆하사 擧皐陶하시니
순유천하 선어중 거고요

不仁者遠矣요
불인자원의

湯有天下에 選於衆하사
탕유천하 선어중

擧伊尹하시니 不仁者遠矣니라
거이윤 불인자원의

子夏曰 富哉라 言乎여

舜有天下에 選於衆하사 擧皐陶하시니

不仁者遠矣요

湯有天下에 選於衆하사

擧伊尹하시니 不仁者遠矣니라

|  |  |  |  |  |  |  |  |  |  |  |  |
|---|---|---|---|---|---|---|---|---|---|---|---|
|  |  |  |  |  |  |  |  |  |  |  |  |
|  |  |  |  |  |  |  |  |  |  |  |  |
|  |  |  |  |  |  |  |  |  |  |  |  |
|  |  |  |  |  |  |  |  |  |  |  |  |
|  |  |  |  |  |  |  |  |  |  |  |  |

자하가 말하였다.

"풍부하다. 그 말씀이여! 순(舜)임금이 천하를 소유함에 여러 사람 중에서 선발하여 고요를 들어 쓰시니 불인한 자들이 멀리 사라졌고, 탕(湯)임금이 천하를 소유함에 여러 사람 중에서 선발하여 이윤을 들어 쓰시니 불인한 자들이 멀리 사라졌다."

• 鄕 지난번향 富 풍부할부 皐 높을고 陶 즐거울요

**23__**

子貢이 問友한대
자공 문우

子曰 忠告而善道(導)之호되
자왈 충고이선도 (도) 지

不可則止하여
불가 즉 지

無自辱焉이니라
무 자 욕 언

子貢이 問友한대

子曰 忠告而善道(導)之호되

不可則止하여

無自辱焉이니라

|  |  |  |  |  |  |  |  |  |  |
|---|---|---|---|---|---|---|---|---|---|
|  |  |  |  |  |  |  |  |  |  |
|  |  |  |  |  |  |  |  |  |  |
|  |  |  |  |  |  |  |  |  |  |

자공이 교우에 대하여 묻자, 공자께서 말씀하셨다.
"충심으로 말해주고 잘 인도하되 불가능하면 그만두어서 스스로 욕되지 말게 하여야 한다."

• 道 인도할 도  辱 욕될 욕

**24_** 曾子曰 君子는
증 자 왈 군 자

以文會友하고
이 문 회 우

以友輔仁이니라
이 우 보 인

曾子曰 君子는

以文會友하고

以友輔仁이니라

| | | | | | | | | | | | | | |
|---|---|---|---|---|---|---|---|---|---|---|---|---|---|
| | | | | | | | | | | | | | |
| | | | | | | | | | | | | | |
| | | | | | | | | | | | | | |

- 증자가 말씀하였다.
  "군자는 학문으로써 벗을 모으고, 벗으로써 인(仁)을 돕는다."

- 輔 도울 보

# 子路 第十三

1＿ 子路問政한대
자 로 문 정

子曰 先之勞之니라
자 왈 선 지 로 지

請益한대 曰 無倦이니라
청 익 왈 무 권

子路問政한대

子曰 先之勞之니라

請益한대 曰 無倦이니라

|  |  |  |  |  |  |  |  |  |  |  |  |  |
|---|---|---|---|---|---|---|---|---|---|---|---|---|
|  |  |  |  |  |  |  |  |  |  |  |  |  |
|  |  |  |  |  |  |  |  |  |  |  |  |  |
|  |  |  |  |  |  |  |  |  |  |  |  |  |

자로가 정사를 묻자, 공자께서 말씀하셨다.
"솔선하고 부지런히 해야 한다."
더 말씀해 주실 것을 청하자, "게을리 하지 말아야 한다." 하셨다.

**2_** 仲弓이 爲季氏宰하여
중궁 위계씨재

問政한대 子曰 先有司요
문정 자왈 선유사

赦小過하며 擧賢才니라
사소과 거현재

曰 焉知賢才而擧之리잇고
왈 언지현재이거지

曰 擧爾所知면 爾所不知를 人其舍諸아
왈 거이소지 이소부지 인기사저

仲弓이 爲季氏宰하여

問政한대 子曰 先有司요

赦小過하며 擧賢才니라

曰 焉知賢才而擧之리잇고

曰 擧爾所知면 爾所不知를 人其舍諸아

|  |  |  |  |  |  |  |  |  |  |
|--|--|--|--|--|--|--|--|--|--|
|  |  |  |  |  |  |  |  |  |  |
|  |  |  |  |  |  |  |  |  |  |
|  |  |  |  |  |  |  |  |  |  |
|  |  |  |  |  |  |  |  |  |  |

중궁이 계씨의 가신이 되어 정사를 묻자, 공자께서 말씀하셨다.
"유사에게 먼저 시키고, 작은 허물을 용서해주며, 현재(덕이 있는 자와 재능이 있는 자)를 등용해야 한다."
"어떻게 현재를 알아서 등용합니까?" 하고 묻자, "네가 아는 자(현재)를 등용하면 네가 미처 모르는 자를
남들이 내버려두겠느냐." 하셨다.

• 倦 게으를 권 舍 버릴 사

**3-1_** 子路曰 衛君이 待子而爲政하시나니
자로왈 위군 대자이위정

子將奚先이시리잇고
자장해선

子曰 必也正名乎인저
자왈 필야정명호

子路曰 有是哉라 子之迂也여
자로왈 유시재 자지우야

奚其正이시리잇고
해기정

子曰 野哉라 由也여
자왈 야재 유야

君子於其所不知에 蓋闕如也니라
군자어기소부지 개궐여야

子路曰 衛君이 待子而爲政하시나니

子將奚先이시리잇고

子曰 必也正名乎인저

子路曰 有是哉라 子之迂也여

奚其正이시리잇고

子曰 野哉라 由也여

君子於其所不知에 蓋闕如也니라

|  |  |  |  |  |  |  |  |  |  |
|--|--|--|--|--|--|--|--|--|--|
|  |  |  |  |  |  |  |  |  |  |
|  |  |  |  |  |  |  |  |  |  |
|  |  |  |  |  |  |  |  |  |  |
|  |  |  |  |  |  |  |  |  |  |
|  |  |  |  |  |  |  |  |  |  |
|  |  |  |  |  |  |  |  |  |  |
|  |  |  |  |  |  |  |  |  |  |

----------•  자로가 말하였다.
"위(衛)나라 군주가 선생님을 기다려 정사를 하려고 하시니, 선생께서는 장차 무엇을 먼저 하시렵니까?"
공자께서 대답하셨다. "반드시 명칭을 바로잡겠다."
자로가 말하였다. "이러하십니다. 선생님의 우활하심이여! 어떻게 바로잡으시겠습니까"
공자께서 말씀하셨다. "비속하구나, 유여! 군자는 자신이 알지 못하는 것에는 제쳐놓고 말하지 않는 것이다."

• 待 기다릴 대 爲 다스릴 위 奚 어찌 해 迂 우활할 우 闕 빠질 궐

**3-2_** 名不正이면 則言不順하고
명 부 정　　즉 언 불 순

言不順이면 則事不成하고
언 불 순　　즉 사 불 성

事不成이면 則禮樂不興하고
사 불 성　　즉 례 악 불 흥

禮樂不興이면 則刑罰不中하고
예 악 불 흥　　즉 형 벌 불 중

刑罰不中이면 則民無所措手足이니라
형 벌 불 중　　즉 민 무 소 조 수 족

名不正이면 則言不順하고

言不順이면 則事不成하고

事不成이면 則禮樂不興하고

禮樂不興이면 則刑罰不中하고

刑罰不中이면 則民無所措手足이니라

|  |  |  |  |  |  |  |  |  |  |  |  |  |
|---|---|---|---|---|---|---|---|---|---|---|---|---|
|  |  |  |  |  |  |  |  |  |  |  |  |  |
|  |  |  |  |  |  |  |  |  |  |  |  |  |
|  |  |  |  |  |  |  |  |  |  |  |  |  |
|  |  |  |  |  |  |  |  |  |  |  |  |  |

"명칭이 바르지 못하면 말이 이치에 순하지 못하고, 말이 이치에 순하지 못하면 일이 이루어지지 못하고, 일이 이루어지지 못하면 예악이 일어나지 못하고, 예악이 일어나지 못하면 형벌이 알맞지 못하고, 형벌이 알맞지 못하면 백성들이 손발을 둘 곳이 없게 된다."

• 罰 형벌 벌 措 둘 조

144

**3-3_** 故로 君子名之인댄 必可言也며
고 군자명지 필가언야

言之인댄 必可行也니
언지 필가행야

君子於其言에
군자어기언

無所苟而已矣니라
무소구이이의

故로 君子名之인댄 必可言也며

言之인댄 必可行也니

君子於其言에

無所苟而已矣니라

<table>
<tr><td></td><td></td><td></td><td></td><td></td><td></td><td></td><td></td><td></td><td></td><td></td><td></td></tr>
<tr><td></td><td></td><td></td><td></td><td></td><td></td><td></td><td></td><td></td><td></td><td></td><td></td></tr>
<tr><td></td><td></td><td></td><td></td><td></td><td></td><td></td><td></td><td></td><td></td><td></td><td></td></tr>
<tr><td></td><td></td><td></td><td></td><td></td><td></td><td></td><td></td><td></td><td></td><td></td><td></td></tr>
</table>

"그러므로 군자가 이름(명칭)을 붙이면 반드시 말할 수 있으며, 말을 하면 반드시 행할 수 있는 것이니,
군자는 그 말에 있어 구차히 함이 없을 뿐이다."

**4-1_** 樊遲請學稼한대 子曰 吾不如老農호라
번지청학가　자왈 오불여로농

請學爲圃한대 曰 吾不如老圃호라
청학위포　왈 오불여로포

樊遲出이어늘 子曰 小人哉라 樊須也여
번지출　자왈 소인재　번수야

樊遲請學稼한대 子曰 吾不如老農호라

請學爲圃한대 曰 吾不如老圃호라

樊遲出이어늘 子曰 小人哉라 樊須也여

|  |  |  |  |  |  |  |  |  |  |  |  |
|---|---|---|---|---|---|---|---|---|---|---|---|
|  |  |  |  |  |  |  |  |  |  |  |  |
|  |  |  |  |  |  |  |  |  |  |  |  |

번지가 농사일을 배울 것을 청하자, 공자께서는 "나는 늙은 농부만 못하다." 하셨다.
채전 가꾸는 일을 배울 것을 청하자, "나는 늙은 원예사만 못하다." 하셨다.
번지가 나가자, 공자께서 말씀하셨다. "소인이구나, 번수여."

• 稼 심을가　圃 채전포

**4-2_** 上好禮면 則民莫敢不敬하고
<br>상 호 례　　즉 민 막 감 불 경

上好義면 則民莫敢不服하고
<br>상 호 의　　즉 민 막 감 불 복

上好信이면 則民莫敢不用情이니
<br>상 호 신　　즉 민 막 감 불 용 정

夫如是면 則四方之民이
<br>부 여 시　　즉 사 방 지 민

襁負其子而至矣리니 焉用稼리오
<br>강 부 기 자 이 지 의　　언 용 가

上好禮면 則民莫敢不敬하고

上好義면 則民莫敢不服하고

上好信이면 則民莫敢不用情이니

夫如是면 則四方之民이

襁負其子而至矣리니 焉用稼리오

"윗사람이 예(禮)를 좋아하면 백성들이 감히 공경하지 않는 이가 없게 되고, 윗사람이 의(義)를 좋아하면 백성들이 감히 복종하지 않는 이가 없게 되고, 윗사람이 신(信)을 좋아하면 백성들이 감히 실정대로 하지 않는 이가 없게 된다. 이렇게 되면 사방의 백성들이 자식을 포대기에 업고 올 것이니, 어찌 농사짓는 것을 쓸 필요가 있겠는가."

• 襁 포대기 강

**5_** 子曰 誦詩三百호되
자 왈 송 시 삼 백

授之以政에 不達하며
수 지 이 정 부 달

使於四方에 不能專對하면
시 어 사 방 불 능 전 대

雖多나 亦奚以爲리오
수 다 역 해 이 위

子曰 誦詩三百호되

授之以政에 不達하며

使於四方에 不能專對하면

雖多나 亦奚以爲리오

|  |  |  |  |  |  |  |  |  |  |  |  |  |
|--|--|--|--|--|--|--|--|--|--|--|--|--|
|  |  |  |  |  |  |  |  |  |  |  |  |  |
|  |  |  |  |  |  |  |  |  |  |  |  |  |
|  |  |  |  |  |  |  |  |  |  |  |  |  |

공자께서 말씀하셨다.
"《시경》삼백 편을 외우더라도 정치를 맡겨줌에 제대로 해내지 못하고 사방에 사신감에 혼자서 처결하지 못한다면
비록 많이 외운들 어디에 쓰겠는가."

- 使 사신갈 시

6_ 子曰 其身이 正이면 不令而行하고
자왈 기신 정 불령이행

其身이 不正이면 雖令不從이니라
기신 부정 수령부종

子曰 其身이 正이면 不令而行하고

其身이 不正이면 雖令不從이니라

공자께서 말씀하셨다.
"자신이 바르면 명령하지 않아도 행해지고, 자신이 바르지 못하면 비록 명령하더라도 따르지 않는다."

7_ 子曰
자 왈

魯衛之政이 兄弟也로다
노 위 지 정 형 제 야

子曰

魯衛之政이 兄弟也로다

공자께서 말씀하셨다.
"노(魯)나라와 위(衛)나라의 정사는 형제간이로구나."

**8**_ 子謂衛公子荊하사되 善居室이로다
자 위 위 공 자 형 선 거 실

始有에 曰苟合矣라하고
시 유 왈 구 합 의

少有에 曰苟完矣라하고
소 유 왈 구 완 의

富有에 曰苟美矣라하니라
부 유 왈 구 미 의

子謂衛公子荊하사되 善居室이로다

始有에 曰苟合矣라하고

少有에 曰苟完矣라하고

富有에 曰苟美矣라하니라

공자께서 위(衛)나라의 공자 형(荊)을 두고 다음과 같이 논평하셨다.
"그는 집에 거처하기를 잘하였다. 처음 집을 소유했을 때에는 '그런대로 모아졌다.' 하였고, 다소 갖추어졌을 때에는 '그런대로 갖추어졌다.' 하였고, 많이 소유하고 있을 때에는 '그런대로 아름답다.'하였다."

- 荊 가시나무 형 苟 구차할 구

9_ 　子適衛하실새 冉有僕이러니
　　　자 적 위　　　　염 유 복

　　子曰 庶矣哉라
　　　자 왈 서 의 재

　　冉有曰 旣庶矣어든
　　　염 유 왈 기 서 의

　　又何加焉이리잇고 曰 富之니라
　　　우 하 가 언　　　　　　왈 부 지

　　曰 旣富矣어든 又何加焉이리잇고 曰 敎之니라
　　　왈 기 부 의　　　우 하 가 언　　　　　　왈 교 지

子適衛하실새 冉有僕이러니

子曰 庶矣哉라 冉有曰 旣庶矣어든

又何加焉이리잇고 曰 富之니라

曰 旣富矣어든 又何加焉이리잇고 曰 敎之니라

|  |  |  |  |  |  |  |  |  |  |
|--|--|--|--|--|--|--|--|--|--|
|  |  |  |  |  |  |  |  |  |  |
|  |  |  |  |  |  |  |  |  |  |
|  |  |  |  |  |  |  |  |  |  |

공자께서 위(衛)나라에 가실 적에 염유가 수레를 몰았는데, 공자께서 "백성들이 많구나." 하셨다.
염유가 "이미 백성들이 많으면 또 무엇을 더하여야 합니까?" 하고 묻자, "부유하게 하여야 한다." 하셨다.
"이미 부유해지면 또 무엇을 더하여야 합니까?" 하고 묻자, "가르쳐야 한다." 하셨다.

• 適 갈 적 僕 마부 복 庶 많을 서

**10_** 子曰 苟有用我者면
자왈 구 유 용 아 자

朞月而已라도 可也니
기 월 이 이　　 가 야

三年이면 有成이리라
삼 년　　 유 성

子曰 苟有用我者면

朞月而已라도 可也니

三年이면 有成이리라

|  |  |  |  |  |  |  |  |  |  |  |  |  |  |
|---|---|---|---|---|---|---|---|---|---|---|---|---|---|
|  |  |  |  |  |  |  |  |  |  |  |  |  |  |
|  |  |  |  |  |  |  |  |  |  |  |  |  |  |

공자께서 말씀하셨다.
"만일 나를 등용해 주는 자가 있다면 1년만 하더라도 괜찮을 것이니, 3년이면 이루어짐이 있을 것이다."

• 朞 기년 기

11_ 子曰 善人이 爲邦百年이면
자왈 선인 위방백년

亦可以勝殘去殺矣라하니
역가이승잔거살의

誠哉라 是言也여
성재 시언야

子曰 善人이 爲邦百年이면

亦可以勝殘去殺矣라하니

誠哉라 是言也여

|  |  |  |  |  |  |  |  |  |  |  |  |  |
|--|--|--|--|--|--|--|--|--|--|--|--|--|
|  |  |  |  |  |  |  |  |  |  |  |  |  |
|  |  |  |  |  |  |  |  |  |  |  |  |  |

---------• 공자께서 말씀하셨다.

"'선인이 나라를 다스리기를 백 년 동안 하면 잔학한 사람을 교화시키고 사형을 없앨 수 있다.'라고 하니, 참으로 옳다, 이 말이여."

• 爲 다스릴 위 勝 이길 승 殘 잔학할 잔

**12_** 子曰 如有王者라도
자왈 여유왕자

必世而後에 仁이니라
필세이후 인

子曰 如有王者라도

必世而後에 仁이니라

| | | | | | | | | | |
|---|---|---|---|---|---|---|---|---|---|
| | | | | | | | | | |
| | | | | | | | | | |

공자께서 말씀하셨다.
"만일 왕자가 있더라도 반드시 한 세대가 지난 뒤에야 백성들이 인(仁)해진다."

- 世 세대 세

**13_** 子曰 苟正其身矣면 於從政乎에 何有며
자왈 구정기신의 어종정호 하유

不能正其身이면 如正人何오
불능정기신 여정인하

子曰 苟正其身矣면 於從政乎에 何有며

不能正其身이면 如正人何오

| | | | | | | | | | |
|---|---|---|---|---|---|---|---|---|---|
| | | | | | | | | | |
| | | | | | | | | | |

공자께서 말씀하셨다.
"위정자가 참으로 자신을 바르게 한다면, 정치하는 데에 무슨 어려움이 있겠으며,
자신을 바르게 할 수 없다면, 어떻게 남을 바르게 할 수 있겠는가."

- 苟 진실로 구

154

**14_** 冉子退朝어늘 子曰 何晏也오
염 자 퇴 조　 자 왈 하 안 야

對曰 有政이러이다
대 왈　 유 정

子曰 其事也로다 如有政인댄
자 왈 기 사 야　 여 유 정

雖不吾以나 吾其與聞之니라
수 불 오 이　 오 기 예 문 지

冉子退朝어늘 子曰 何晏也오

對曰 有政이러이다

子曰 其事也로다 如有政인댄

雖不吾以나 吾其與聞之니라

|  |  |  |  |  |  |  |  |  |  |  |  |  |  |
|---|---|---|---|---|---|---|---|---|---|---|---|---|---|
|  |  |  |  |  |  |  |  |  |  |  |  |  |  |
|  |  |  |  |  |  |  |  |  |  |  |  |  |  |
|  |  |  |  |  |  |  |  |  |  |  |  |  |  |

---

• 염자(염유)가 사조에서 물러나오자, 공자께서 "어찌하여 늦었는가?" 하고 물으셨다.
대답하기를 "국정이 있었습니다." 하자, 공자께서 말씀하셨다.
"그것은 대부의 집안일이었을 것이다. 만일 국정이었다면 비록 나를 써주지 않고 있으나 내가 참여하여 들었을 것이다."

• 朝 조정조 晏 늦을안 以 쓸이 與 참여할예

**15-1_** 定公이 問 一言而可以興邦이라하니 有諸잇가
정공 문 일언이가이흥방 유저

孔子對曰 言不可以若是其幾也어니와
공자대왈 언불가이약시기기야

人之言曰 爲君難하며 爲臣不易라하나니
인지언왈 위군난 위신불이

如知爲君之難也인댄
여지위군지난야

不幾乎一言而興邦乎잇가
불기호일언이흥방호

定公이 問 一言而可以興邦이라하니 有諸잇가

孔子對曰 言不可以若是其幾也어니와

人之言曰 爲君難하며 爲臣不易라하나니

如知爲君之難也인댄

不幾乎一言而興邦乎잇가

정공이 묻기를 "한 마디 말로 나라를 흥하게 할 수 있다 하니, 그러한 것이 있습니까?"하자, 공자께서 대답하셨다.
"말은 이와 같이 효과를 기약할 수 없지만 사람들 말에 '임금 노릇하기가 어려우며 신하 노릇하기가 쉽지 않다.'라고 하니,
만일 임금 노릇하기가 어려움을 안다면 한 마디 말로 나라를 흥하게 함을 기약할 수 없겠습니까."

• 幾 기약할 기 難 어려울 난

**15-2_** 曰 一言而喪邦이라하니 有諸잇가
왈 일 언 이 상 방　　　　유 저

孔子對曰 言不可以若是其幾也어니와
공 자 대 왈　언 불 가 이 약 시 기 기 야

人之言曰 予無樂乎爲君이요
인 지 언 왈　여 무 락 호 위 군

唯其言而莫予違也라하나니
유 기 언 이 막 여 위 야

曰 一言而喪邦이라하니 有諸잇가

孔子對曰 言不可以若是其幾也어니와

人之言曰 予無樂乎爲君이요

唯其言而莫予違也라하나니

|  |  |  |  |  |  |  |  |  |  |  |  |  |  |
|---|---|---|---|---|---|---|---|---|---|---|---|---|---|
|  |  |  |  |  |  |  |  |  |  |  |  |  |  |
|  |  |  |  |  |  |  |  |  |  |  |  |  |  |
|  |  |  |  |  |  |  |  |  |  |  |  |  |  |

- 정공이 "한 마디 말로 나라를 망하게 할 수 있다 하니, 그러한 것이 있습니까?" 하자, 공자께서 대답하셨다.
  "말은 이와 같이 효과를 기약할 수 없지만 사람들의 말에 '나는 군주된 것은 즐거워함이 없고, 오직 내가 말을 하면 어기지 않는 것이 즐겁다.'라고 하니,

- 喪 망할상

**15-3_** 如其善而莫之違也인댄 不亦善乎잇가
여 기 선 이 막 지 위 야 　 불 역 선 호

如不善而莫之違也인댄
여 불 선 이 막 지 위 야

不幾乎一言而喪邦乎잇가
불 기 호 일 언 이 상 방 호

如其善而莫之違也인댄 不亦善乎잇가

如不善而莫之違也인댄

不幾乎一言而喪邦乎잇가

| | | | | | | | | | | | |
|---|---|---|---|---|---|---|---|---|---|---|---|
| | | | | | | | | | | | |
| | | | | | | | | | | | |
| | | | | | | | | | | | |

---------● 만일 군주의 말이 선(善)한데 어기는 이가 없다면 좋지 않겠습니까. 그러나 만일
군주의 말이 선하지 못한데 어기는 이가 없다면 한 마디 말로 나라를 망하게 함을 기약할 수 있지 않겠습니까."

● 莫 없을 막 違 떠날 위

158

**16_** 葉公이 問政한대
섭 공　　문 정

子曰 近者說하며
자 왈　근 자 열

遠者來니라
원 자 래

葉公이 問政한대

子曰 近者說하며

遠者來니라

| | | | | | | | | | | | | |
|---|---|---|---|---|---|---|---|---|---|---|---|---|
| | | | | | | | | | | | | |
| | | | | | | | | | | | | |
| | | | | | | | | | | | | |

● 섭공이 정치를 묻자, 공자께서 말씀하셨다.
"가까이 있는 자들이 기뻐하며, 멀리 있는 자들이 오게 하는 것이다."

● 葉 땅이름 섭

**17_** 子夏爲莒父宰하여 問政한대
자 하 위 거 보 재　　문 정

子曰 無欲速하며 無見小利니
자 왈 무 욕 속　　　무 견 소 리

欲速則不達하고
욕 속 즉 부 달

見小利則大事不成이니라
견 소 리 즉 대 사 불 성

子夏爲莒父宰하여 問政한대

子曰 無欲速하며 無見小利니

欲速則不達하고

見小利則大事不成이니라

|  |  |  |  |  |  |  |  |  |  |  |
|--|--|--|--|--|--|--|--|--|--|--|
|  |  |  |  |  |  |  |  |  |  |  |
|  |  |  |  |  |  |  |  |  |  |  |
|  |  |  |  |  |  |  |  |  |  |  |

자하가 거부의 읍재가 되어 정사를 묻자, 공자께서 말씀하셨다.
"속히 하려고 하지 말고 작은 이익을 보지 말아야 하니,
속히 하려고 하면 달성하지 못하고 작은 이익을 보면 큰일이 이루어지지 못한다."

• 莒 땅이름 거 父 남자이름보 宰 읍재 재 速 빠를속

160

**18_**

葉公이 語孔子曰 吾黨에 有直躬者하니
섭공 어공자왈 오당 유직궁자

其父攘羊이어늘 而子證之하니이다
기 부 양 양 이 자 증 지

孔子曰 吾黨之直者는
공자왈 오당지직자

異於是하니 父爲子隱하며
이 어 시 부 위 자 은

子爲父隱하나니 直在其中矣니라
자 위 부 은 직 재 기 중 의

葉公이 語孔子曰 吾黨에 有直躬者하니

其父攘羊이어늘 而子證之하니이다

孔子曰 吾黨之直者는

異於是하니 父爲子隱하며

子爲父隱하나니 直在其中矣니라

|  |  |  |  |  |  |  |  |  |  |
|--|--|--|--|--|--|--|--|--|--|
|  |  |  |  |  |  |  |  |  |  |
|  |  |  |  |  |  |  |  |  |  |
|  |  |  |  |  |  |  |  |  |  |
|  |  |  |  |  |  |  |  |  |  |

섭공이 공자에게 말하였다.
"우리 당에 몸을 정직하게 행동하는 자가 있으니, 그의 아버지가 양을 훔치자, 아들이 이것을 증언하였습니다."
공자께서 말씀하셨다. "우리 당의 정직한 자는 이와 다르다. 아버지는 자식을 위하여 숨겨주고 자식은 아버지를 위하여
숨겨주니, 정직함은 이 가운데 있는 것이다."

• 黨 무리당, 마을당 躬 몸궁 攘 훔칠양 證 증명할증

**19_** 樊遲問仁한대
번지문인

子曰 居處恭하며 執事敬하며
자왈 거처공 집사경

與人忠을 雖之夷狄이라도
여인충 수지이적

不可棄也니라
불가기야

樊遲問仁한대

子曰 居處恭하며 執事敬하며

與人忠을 雖之夷狄이라도

不可棄也니라

|  |  |  |  |  |  |  |  |  |  |  |  |
|--|--|--|--|--|--|--|--|--|--|--|--|
|  |  |  |  |  |  |  |  |  |  |  |  |
|  |  |  |  |  |  |  |  |  |  |  |  |
|  |  |  |  |  |  |  |  |  |  |  |  |
|  |  |  |  |  |  |  |  |  |  |  |  |

• 번지가 인을 묻자, 공자께서 대답하셨다.
"거처함에 공손하며 일을 집행함에 공경하며, 사람을 대하기를 충성스럽게 함을, 비록 이적의 나라에 가더라도 버려서는
안 된다."

• 執 잡을 집 夷 오랑캐 이 狄 북쪽오랑캐 적

162

## 20-1_ 子貢이 問曰 何如라야
자공 문왈 하여

斯可謂之士矣잇고
사 가 위 지 사 의

子曰 行己有恥하며 使於四方하여
자왈 행기유치 시어사방

不辱君命이면 可謂士矣니라
불 욕 군 명 가 위 사 의

子貢이 問曰 何如라야

斯可謂之士矣잇고

子曰 行己有恥하며 使於四方하여

不辱君命이면 可謂士矣니라

자공이 "어떠하여야 선비라 이를 수 있습니까?" 하고 묻자, 공자께서 말씀하셨다.
"몸가짐(행신함)에 부끄러워함(염치)이 있으며 사방에 사신으로 가서 군주의 명을 욕되게 하지 않으면 선비라 이를 수 있다."

• 使 사신갈 시 辱 욕될 욕

子路 第十三

163

**20-2_** 曰 敢問其次하노이다 曰 宗族이 稱孝焉하며
왈 감 문 기 차　　　왈 종 족 칭 효 언

鄕黨이 稱弟焉이니라
향 당 칭 제 언

曰 敢問其次하노이다 曰 言必信하며
왈 감 문 기 차　　　왈 언 필 신

行必果 硜硜然小人哉나
행 필 과 경 경 연 소 인 재

抑亦可以爲次矣니라
억 역 가 이 위 차 의

曰 今之從政者는 何如하니잇고
왈 금 지 종 정 자　　하 여

子曰 噫라 斗筲之人을 何足算也리오
자 왈 희 두 소 지 인　何 족 산 야

曰 敢問其次하노이다 曰 宗族이 稱孝焉하며

鄕黨이 稱弟焉이니라

曰 敢問其次하노이다 曰 言必信하며

行必果 硜硜然小人哉나

抑亦可以爲次矣니라

曰 今之從政者는 何如하니잇고

子曰 噫라 斗筲之人을 何足算也리오

|  |  |  |  |  |  |  |  |  |  |  |  |  |
|---|---|---|---|---|---|---|---|---|---|---|---|---|
|  |  |  |  |  |  |  |  |  |  |  |  |  |
|  |  |  |  |  |  |  |  |  |  |  |  |  |
|  |  |  |  |  |  |  |  |  |  |  |  |  |
|  |  |  |  |  |  |  |  |  |  |  |  |  |
|  |  |  |  |  |  |  |  |  |  |  |  |  |
|  |  |  |  |  |  |  |  |  |  |  |  |  |

"감히 그 다음을 묻겠습니다." 하자, "종족들이 효성스럽다고 칭찬하고 향당(지방)에서 공손하다고 칭찬하는 것이다."라고 하셨다.

"감히 그 다음을 묻겠습니다." 하자, "말을 반드시 미덥게 하고 행실을 반드시 과단성 있게 하는 것은 국량이 좁은 소인이나 그래도 또한 그 다음이 될 수 있다."라고 하셨다.

"지금 정사에 종사하는 자들은 어떻습니까?" 하자, 공자께서 말씀하셨다.

"아! 비루하고 자잘한 사람들을 어찌 따질 것이 있겠는가."

• 弟 공경할 제  硜 단단할 경  抑 반어사 억  斗 말 두  筲 한말두되들이대그릇 소  算 셀 산

**21_** 子曰 不得中行而與之인댄
자왈 부득 중항 이여지

必也狂狷乎인저
필 야 광 견 호

狂者는 進取요 狷者는
광 자 진 취 견 자

有所不爲也니라
유 소 불 위 야

子曰 不得中行而與之인댄

必也狂狷乎인저

狂者는 進取요 狷者는

有所不爲也니라

<table>
<tr><td></td><td></td><td></td><td></td><td></td><td></td><td></td><td></td><td></td><td></td><td></td><td></td><td></td></tr>
<tr><td></td><td></td><td></td><td></td><td></td><td></td><td></td><td></td><td></td><td></td><td></td><td></td><td></td></tr>
<tr><td></td><td></td><td></td><td></td><td></td><td></td><td></td><td></td><td></td><td></td><td></td><td></td><td></td></tr>
<tr><td></td><td></td><td></td><td></td><td></td><td></td><td></td><td></td><td></td><td></td><td></td><td></td><td></td></tr>
</table>

• 공자께서 말씀하셨다.
"중행(중도)의 선비를 얻어 더불 수 없다면 반드시 광자와 견자를 취할 것이다.
광자는 진취적이고 견자는 하지 않는 바가 있다."

• 狂 미칠 광 狷 고집스러울 견

**22_** 子曰 南人이 有言曰 人而無恒이면
자왈 남인 유언왈 인이무항

不可以作巫醫라하니 善夫라
불가이작무의 선부

不恒其德이면 或承之羞라하니
불항기덕 혹승지수

子曰 不占而已矣니라
자왈 부점이이의

子曰 南人이 有言曰 人而無恒이면

不可以作巫醫라하니 善夫라

不恒其德이면 或承之羞라하니

子曰 不占而已矣니라

공자께서 말씀하셨다.
"남쪽 나라(지방) 사람들의 말에 '사람이 항심이 없으면 무당과 의원도 될 수 없다.' 하니, 좋은 말이다."
'그 덕(德)을 항상 하지 않으면 혹자가 부끄러움을 올리리라.' 하였으니, 공자께서 말씀하셨다.
"점쳐 보지 않았기 때문일 뿐이다."

• 作 될작 巫 무당무 醫 의원의 恒 항상항 占 점칠점

23_ 子曰 君子는 和而不同하고
자왈 군자 화이부동

小人은 同而不和니라
소인 동이불화

子曰 君子는 和而不同하고

小人은 同而不和니라

| | | | | | | | | | | | | | |
|---|---|---|---|---|---|---|---|---|---|---|---|---|---|
| | | | | | | | | | | | | | |
| | | | | | | | | | | | | | |

공자께서 말씀하셨다.
"군자는 화하고 동하지 않으며, 소인은 동하고 화하지 않는다."

**24_** 子貢이 問曰 鄉人이 皆好之면 何如하니잇고
자공 문왈 향인 개호지 하여

子曰 未可也니라
자왈 미가야

鄉人이 皆惡之면 何如하니잇고
향인 개오지 하여

子曰 未可也니라 不如鄉人之善者好之요
자왈 미가야 불여향인지선자호지

其不善者惡之니라
기불선자오지

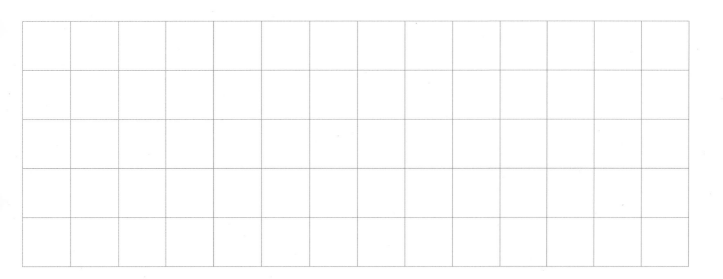

子貢이 問曰 鄉人이 皆好之면 何如하니잇고

子曰 未可也니라

鄉人이 皆惡之면 何如하니잇고

子曰 未可也니라 不如鄉人之善者好之요

其不善者惡之니라

자공이 묻기를 "고을 사람들이 모두 좋아하면 어떻습니까?" 하자, 공자께서 "가하지 않다." 하셨다.
"고을 사람들이 모두 미워하면 어떻습니까?" 하자, 공자께서 "가하지 않다. 고을 사람 중에 선(善)한 자가 그를 좋아하고
선하지 않은 자가 그를 미워하는 것만 못하다." 하셨다.

25_ 子曰 君子는 易事而難說也니
자왈 군자 이 사 이 난 열 야

說之不以道면 不說也요
열 지 불 이 도 불 열 야

及其使人也하여는 器之니라
급 기 사 인 야 기 지

小人은 難事而易說也니
소 인 난 사 이 이 열 야

說之雖不以道라도 說也요
열 지 수 불 이 도 열 야

及其使人也하여는 求備焉이니라
급 기 사 인 야 구 비 언

子曰 君子는 易事而難說也니

說之不以道면 不說也요

及其使人也하여는 器之니라

小人은 難事而易說也니

說之雖不以道라도 說也요

及其使人也하여는 求備焉이니라

공자께서 말씀하셨다.
"군자는 섬기기는 쉽고 기쁘게 하기는 어려우니,
기쁘게 하기를 도(道)로써 하지 않으면 기뻐하지 않고, 사람을 부림에 있어서는 그릇에 맞게 한다.
소인은 섬기기는 어렵고, 기쁘게 하기는 쉬우니, 기쁘게 하기를 비록 도로써 하지 않더라도 기뻐하고,
사람을 부림에 있어서는 완비하기를 요구한다."

• 器 그릇 기 備 갖출 비

26__ 子曰 君子는 泰而不驕하고
　　　자 왈 군 자　　태 이 불 교

小人은 驕而不泰니라
소 인　　교 이 불 태

子曰 君子는 泰而不驕하고

小人은 驕而不泰니라

| | | | | | | | | | | | | |
|---|---|---|---|---|---|---|---|---|---|---|---|---|
| | | | | | | | | | | | | |
| | | | | | | | | | | | | |

공자께서 말씀하셨다.
"군자는 태연하고 교만하지 않으며, 소인은 교만하고 태연하지 못하다."

• 泰 클 태 驕 교만할 교

**27_** 子曰
자 왈

剛毅木訥이 近仁이니라
강 의 목 눌 　 근 인

子曰

剛毅木訥이 近仁이니라

|  |  |  |  |  |  |  |  |  |  |  |  |  |  |
|--|--|--|--|--|--|--|--|--|--|--|--|--|--|
|  |  |  |  |  |  |  |  |  |  |  |  |  |  |

공자께서 말씀하셨다.
"강하고 굳세고 질박하고 어눌함이 인(仁)에 가깝다."

• 毅 굳셀 의　訥 어눌할 눌

**28_** 子路問曰 何如라야 斯可謂之士矣잇고
자로문왈하여　　　사가위지사의

子曰 切切偲偲하며 怡怡如也면
자왈절절시시　　　이이여야

可謂士矣니 朋友엔
가위사의　붕우

切切偲偲요 兄弟엔 怡怡니라
절절시시　형제엔　이이

子路問曰 何如라야 斯可謂之士矣잇고

子曰 切切偲偲하며 怡怡如也면

可謂士矣니 朋友엔

切切偲偲요 兄弟엔 怡怡니라

| | | | | | | | | | | |
|---|---|---|---|---|---|---|---|---|---|---|
| | | | | | | | | | | |
| | | | | | | | | | | |
| | | | | | | | | | | |
| | | | | | | | | | | |

자로가 "어떠하여야 선비라 이를 수 있습니까?" 하고 묻자, 공자께서 대답하셨다.
"간절하고 자상하게 권면하며 화락하면 선비라 이를 수 있으니,
붕우간에는 간절하고 자상하게 권면하며 형제간에는 화락하여야 한다."

• 切 간절할 절 偲 자세히힘쓸 시 怡 화할 이

**29_** 子曰
자 왈

善人이 敎民七年이면
선 인　　　교 민 칠 년

亦可以卽戎矣니라
역 가 이 즉 융 의

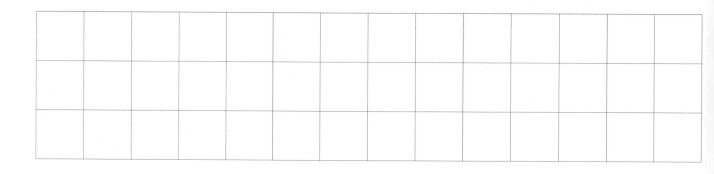

---

----------● 공자께서 말씀하셨다.
"선인이 7년 동안 백성을 가르치면 또한 군대(싸움터)에 나아가게 할 수 있다."

● 卽 나아갈 즉　戎 전쟁 융

30_　子曰
　　　자 왈

　　以不敎民戰이면
　　이 불 교 민 전

　　是謂棄之니라
　　시 위 기 지

子曰

以不敎民戰이면

是謂棄之니라

| | | | | | | | | | | | |
|---|---|---|---|---|---|---|---|---|---|---|---|
| | | | | | | | | | | | |
| | | | | | | | | | | | |
| | | | | | | | | | | | |

- 공자께서 말씀하셨다.
  "가르치지 않은 백성을 써서 싸우게 하면 이를 일러 백성을 버린다고 한다."

- 棄 버릴 기

**배우고 익히는 논어** 2 · 반듯반듯 고전 따라쓰기

1판 1쇄 인쇄 2015년 8월 31일
1판 1쇄 발행 2015년 9월 8일

**지은이** 성백효
**총괄기획** 권희준
**디자인** 씨오디

**발행처** 한국인문고전연구소
**발행인** 조옥임
**출판등록** 2012년 2월 1일 (제 406 - 2012 - 000027호)
**주소** 경기도 파주시 미래로 562
**전화** 02 - 323 - 3635 **팩스** 02 - 6442 - 3634
**이메일** books@huclassic.com

ISBN 978 - 89 - 97970 - 19 - 3 04140